楽しく編みながらマスターする

グラニー編みの教科書

ミカ＊ユカ

誠文堂新光社

Contents

※（ ）は作り方のページ

グラニー編みの世界へようこそ！

グラニー（Granny）とは英語で「おばあちゃん」を指す言葉です。その名のとおり、どこか懐かしいような ぬくもりのある表情が魅力。四角いモチーフをいくつも編んでつないでいく「グラニースクエア」が最もポ ピュラーですが、少し変えれば同じ編み方で三角形や長方形なども編むことができます。本書ではその仲間 たちをまとめて「グラニー編み」とし、基本の編み方からアレンジまで紹介しています。

束に拾う

グラニー編みの特徴として「束（そく）に拾う」というものがあります。前段のくさり編みをくるむように、 かぎ針を入れて編みます。大きな空間に針を入れるので初心者にも編みやすく、どんどん進みます。対して 前の段のくさり編みの頭を拾うことを「目を割って拾う」といいます。編み目記号にも区別があります。

束に拾う

★の部分に針を入れて編みます。 編み目記号は根元が離れています。

目を割って拾う

くさり編み1目の頭に針を入れて編 みます。写真はくさり1目に長編み を3目編み入れています。編み目記 号は根元がくっついています。

配色を楽しみましょう

グラニー編みの魅力はなんといっても配色の楽 しさです。2、3色に絞っても統一感があって きれいですし、ランダムに何色も使っても、不 思議とまとまって見えます。毛糸の太さは同じ にする必要があるので、同じシリーズの中で揃 えると太さも色のトーンも統一されます。

モチーフをつないでも、 ひたすら大きく編んでも

小さいモチーフをいくつもつないでいくのも楽 しいですし、ひとつをどんどん編んで大きくし ていくのもまた違った楽しさがあります。好き な大きさにできるので、毛糸がムダなく使いき れます。

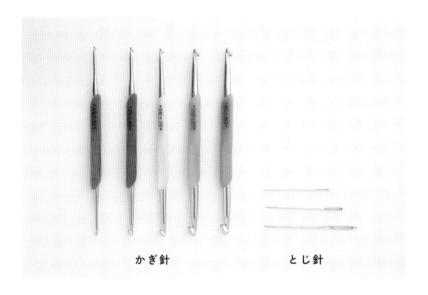

かぎ針　　　　　**とじ針**

道具

メインの道具はかぎ針ととじ針のみ。かぎ針は毛糸の太さによって選びます。人によって編み方の癖があるので、編み目がきつく、出来上がりのサイズより小さくなる場合は表記よりも大きい番号のかぎ針を、逆に編み目がゆるく、大きくなる場合は小さい番号にするとよいでしょう。他にははさみ、待ち針、アイロン、アイロン台など。

毛糸　本書で使った毛糸を紹介します。

ハマナカ アメリー
並太。編みやすく色数も多いのでグラニー編みにぴったり。

**ハマナカ
アメリーエフ《合太》**
並太より細い合太。ショールや小物などに。

**ハマナカ
アメリーエル《極太》**
極太。ざっくりしたマフラーなどに。

ハマナカ ボニー
極太。抗菌・防臭加工のあるアクリル毛糸。マットなどに。

ハマナカ ラブボニー
並太。抗菌・防臭加工で清潔を保てるのでインテリア小物などに。

ハマナカ ピッコロ
中細。かぎ針で編みやすい太さ。カラフルな色が揃っています。

**ハマナカ
かわいい赤ちゃん**
手触りのよいベビーヤーン。ブランケットなどに。

**ハマナカ
エクシードウールL《並太》**
上質なウール100％。幅広く使える並太。

ハマナカ モヘア
ふわふわとした編み地で軽く仕上がる。ショールなどに。

**ハマナカ ソノモノ
スーリーアルパカ**
アルパカ100％で光沢感があるリッチな毛糸。

**ハマナカ
メンズクラブマスター**
極太。ベーシックな色が揃っていて服やインテリアに合わせやすいのが特徴。

**ハマナカ itoa
あみぐるみが
編みたくなる糸**
ぬいぐるみのような編み地になるモールヤーン。

ハマナカ ディーナ
並太。複雑な色合いのグラデーションがおしゃれ。

正方形に編む　基本の編み方

1 段め

①指に糸を2回巻き、「わ」を作ります。糸端はあとで始末するので10〜15cmほど残しておきます。

糸端

②指から糸をはずし、左手に持ちます。穴から針を入れ針に糸をかけます。

③引き出します。

④もう一度針に糸をかけて引き出します。

⑤軽く引き締めます。この目は1目に数えません。

3目

⑥くさり編みを3目編みます。これが「立ち上がり目」になります（編み図A）。

⑦長編みを2目続けて編みます。

2目

⑧くさり編みを2目編みます（編み図B）。

⑨長編み3目、くさり編み2目を2回繰り返します。

⑩長編み3目をもう一度繰り返すと、花びらのような部分が4つできます。

⑪1段目の最後はくさり編みをせずに中長編みをします（編み図C）。針に糸をかけます。

⑫⑪の矢印の目（⑥の立ち上がり目の一番上）に針を入れます。

⑬中長編みを編みます。1段目がつながりました。

⑭編み始めの糸を引き、中心の「わ」を引き締めます。かぎ針をわの中に入れて引くとスムーズに縮まります。

2 段め

色替えをしない場合

⑮そのまま続けて立ち上がり目のくさり編み3目（編み図D）を編みます。

色を替える場合

⑮⑬で中長編みをする時に、最後に引き抜く時に別の糸をつけて引き出します。糸端は10〜15cm残しておきます。1段めの糸も同じくらい残して切ります。

⑯1段目と同じ要領で長編みを
束に拾って編みます。間に入れ
るくさり編みは、角が2目、そ
れ以外は1目。

⑰1段目同様、最後は立ち上が
り目の一番上の目を拾い、中長
編みでつなぎます。

3段め

⑱色を替えない場合はそのまま
立ち上がり目を編み、替える場
合は⑰の中長編みの最後を引き
抜く時に違う色をつけます。

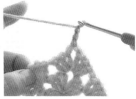

⑲3段めの立ち上がり目が編め
たところ(編み図E)。

⑳同様にして3段めを編み、最後
は中長編みでつなぎます。

4段め(最終段)

㉑色を替えない場合はそのまま
立ち上がり目を編み、替える場
合は⑳同様、中長編みの最後を
引き抜く時に違う色をつけます。

㉒同様にして4段めを編み、最
後は中長編みでつなぎます(編
み図F)。

㉓中長編みが編めたところ。

㉔糸を指定の長さ(作品により
ます)に切ります。

㉕最後は針に糸をかけ、1回引き
出します。

㉖そのまま糸を引き抜きます。

㉗モチーフが一枚編めました。

◯ =くさり編み

┼ =長編み

┬ =中長編み

※記号の編み方はP92

糸の始末

ほどけてしまわないように、何度か向きを変えて編み地にくぐらせて糸を切ります。

1段めの編み始めの糸の始末
①糸端をとじ針に通し、編み地の裏の長編みの根元に通します。

②続けて隣の長編みの根元に通します。

③さらに隣の長編みの根元に通します。

④ほどけてしまわないように隣の糸を1目すくって③の逆方向に通します。

⑤きわで糸をカットして始末できました。

1段めの編み終わりの糸の始末
①とじ針に通した糸を上から下へ縦方向にくぐらせ、根元のほうに糸を出します。

②同じ色の長編みの根元に通し、編み始めと同様に逆方向にくぐらせてから糸を切ります。

2段め以降の糸の始末
①1段め同様に編み始めと編み終わりの糸が2本出ています。

②編み始めの糸はまず長編みの根元にくぐらせます。

③逆方向に戻ります。この時1段目の糸を1目すくいます。糸を切ります。

④編み終わりの糸は、1段め同様、縦方向にくぐらせ、根元に出します。

⑤根元にくぐらせます。

⑥③と同様に隣の目を1目すくって逆方向に戻り、糸を切ります。

スチームアイロンで仕上げる

このひと手間で仕上がりがグンときれいになります。

たっぷりのスチームをあてると編み地が曲がったり、よれていてもきれいに直ります。編み目をつぶさないように数cm浮かせてかけます。

モチーフのサイズを揃えたい時や、角を出して形を整えたい時はアイロン台に待ち針を刺して形を作り、スチームをあてます。

モチーフをつなぐ（巻きかがり）

モチーフを必要な枚数編んでから、とじ針を使って縫うようにつないでいく方法です。
糸を編み地と同じにすれば目立ちません。わかりやすいので初心者におすすめの方法です。

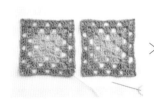

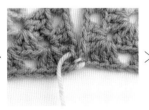

①編み残した糸を使用します（写真はわかりやすいように色を替えています）。

②向かい合う編み目のくさりの目を2本ずつ（全目）すくいます。

③糸を引きながら次の目をすくいます。

④どんどんかがっていきます。かがった糸は斜めに渡ります。

⑤縦方向が終わったら、90度回転させ、横方向をかがります。糸がない場合は新しくつけます。

⑥同様に端からかがっていきます。交差するところも続けて目をすくっていきます。

⑦交差するところは、前の糸とクロスする形になります。余った糸は編み地にくぐらせて切ります。

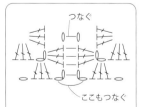

つなぐ時、端になる部分を1目多くすくうと、へこみが目立たず、自然につながります（ふち編みをしない場合）。

モチーフをつなぐ（引き抜きはぎ）

かぎ針で向かい合うモチーフの目を拾いながら編みつないでいく方法。表面にくさりの目ができます。
糸の色を替えればデザインのポイントにもなります。

①向かい合うくさりの目の外側１本（半目）に針を上から入れます。

②針に糸をかけます。

③引き出します。

④次の目も同様に外側の半目に針を入れて引き出します。

⑤２目めが編めたところ。

⑥同様に繰り返し、端までつなぎます。

⑦端までつないだところ。

⑧次のモチーフがある時は続けてつなぎます。

⑨縦方向をつないだところ。横方向はまだつながれていません。

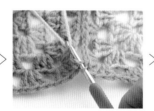

⑩横方向も端から同様につないでいきます。

⑪交差するところは、くさり編みを１目編みます。

⑫⑪のくさり１目が縦方向（水色の糸）の上をまたぐような形になります。続けて次の目をつないでいきます。

⑬縦と横がつながりました。モチーフが何枚あっても同様につないでいきます。

モチーフをつなぐ（編みながらつなぐ）→ P44参照

ふちを編む

モチーフをつないだら、仕上げにふち編みをすると、マットなどはしっかりと補強され、
デザインにもなります。

①新しく糸をつけます。10〜15cmほど糸を残し、かぎ針を束に拾って引き出して編み始めます。

②最終段を編み足すような要領で、束に拾って立ち上がり3目、長編みを編んでいきます。

③束に拾いながら編み進めます。

④モチーフのはぎ目も続けて編みます。ぐるっと一周したら出来上がり。糸を切って、編み地にくぐらせて始末します。

いろいろなふち編み → P14参照

Arrange 1

編み方を工夫してみましょう

中心に細編みと玉編みを組み合わせてデイジーのようなお花を作ります。

1段目は長編み、2、3段目はパプコーン編みでみっしりと。バッグなどにおすすめです。

これが基本の編み方

1段目は長編み2目の玉編み、2段目は3目のパプコーン編みでふんわりした花のよう。

くさり編みで長い花びらを作ります。すき間が多く、軽くなるのでショールなどにおすすめ。

基本のモチーフをベースに、2、3段目をアレンジ。少しの工夫で印象が変わります。

グラニー編みは長編みを束にとるだけではありません。玉編みやパプコーン編み、くさり編みや細編みを組み合わせて、いろいろなデザインにすることもできます。このページで紹介するグラニースクエアは一例ですが、最終段の目数を揃えてあるので好きな組み合わせでつなぐことができます。

◡ =くさり編み

✕ =細編み

┬ =長編み

┬ =中長編み

◖ =中長編み3目の玉編み

◗ =長編み2目の玉編み

▯ =中長編み3目の
　　パプコーン編み

▮ =長編み3目の
　　パプコーン編み

● =引き抜き編み

▽ =糸をつける

※記号の編み方はP92

いろいろなふち編み

ふち編みの楽しさもグラニー編みならでは。花びらのようにかわいいもの、
シンプルですっきりとしたもの、レトロな表情のポンポンなど、いろいろなふち編みを紹介します。

● =引き抜き編み　　　　＝長編み2目の玉編み

○ =くさり編み

× =細編み　　　　　　　＝中長編み

＝長編み　　　　　　　＝くさり3目の引き抜きピコット（細編みに編む）

長編み3目、くさり編み3目の繰り返し。
少し尖ったレースのようになります。

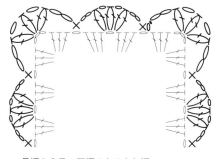

長編み2目の玉編みとくさり編み。
やわらかい曲線を描きます。

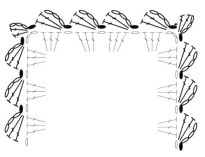

立ち上がり目3目と長編み2目で、
斜めに流れるような曲線に。

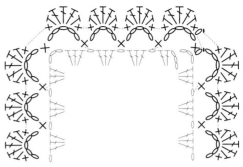

まずはくさり編みで1段編み、中長編みと
長編みで2段めを編みます。

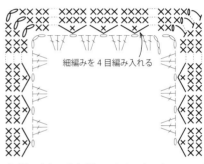

細編みを4目編み入れる

細編み中心のふち編み。キリっとしたシャープな
印象になります。マットなどに。

細編みを3目編み入れる

くさり編み3目を引き抜き編みで留め、ピコットを
作ります。可憐でかわいらしい雰囲気になります。

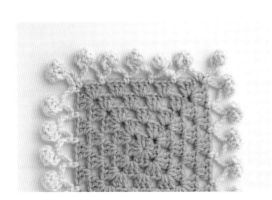

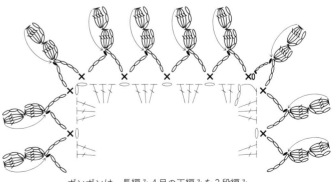

ポンポンは、長編み4目の玉編みを2段編み、
二つに折って丸い形に仕上げます。存在感は満点。
※ポンポンの詳しい編み方はP95参照

1.

スクエアのマフラー

how to make → P18

スクエアモチーフをつないだだけのシンプル
なマフラー。極太の糸を使っているので、ボ
リュームがあって暖かさは抜群です。好きな
だけつないで好みの長さにしてください。
使用糸：ハマナカ アメリーエル《極太》

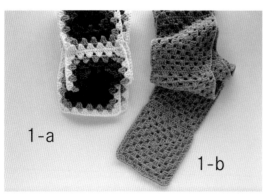

1-a

1-b

同じ編み方ですが、色を替える
と全然違う雰囲気になります。
1色でまとめるとどんな服にも
合わせやすい。

2.

スヌード

how to make → P19

モチーフを2段、ぐるっと輪につない
でスヌードに。左ページのマフラーと
同じ目数ですが、並太の糸なので、ほ
どよくボリュームダウン。6色使って
いますが、同じシリーズの糸なので、
派手すぎずしっくりとまとまります。
使用糸：ハマナカ アメリー

1. スクエアのマフラー

Photo → P16

【使用糸】
a ハマナカ アメリーエル 白(101)・濃グレー(111)…各120g、
グレー(112)…80g、黒(110)…60g
b ハマナカ アメリーエル グレー(112)…320g
【用具】
かぎ針10/0号
【ゲージ】
モチーフ1枚 20cm×20cm
【出来上がりサイズ】
長さ 200cm 幅 20cm

Point

わの作り目をして、図を参照してモチーフを編み、
編み終わりの糸を約120cm残して糸を切ります。
aのモチーフは、指定位置で色を替えながら編み
ます。同じようにモチーフを10枚編み、残して
おいた編み終わりの糸を使い、図のようにモチー
フを10枚はいで仕上げます。

120cm残して糸を切る

aの配色表

段数	色
6段	白
5段	グレー
4段	濃グレー
3段	
2段	黒
1段	

※bはグレーの単色で編む

◯ =くさり編み

† =長編み

T =中長編み

▽ =糸をつける

▼ =糸を切る

※残しておいた糸で巻きかがる

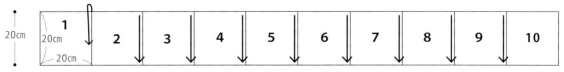

2. スヌード

Photo → P17

【使用糸】
ハマナカ アメリー　ピンク(7)・薄水色(10)・黄色(31)・黄緑(33)・青(47)・赤(55)…各30g

【用具】かぎ針6/0号

【ゲージ】モチーフ1枚 13cm×13cm

【出来上がりサイズ】周囲78cm　幅26cm

Point

わの作り目をして、図を参照してAとBのモチーフをそれぞれ6枚ずつ編み、編み終わりの糸を約50cm残して糸を切ります。残しておいた糸を使い、AとBを交互に6枚巻きかがり、筒状にしたものを2枚作ります。2枚を図のように重ねて、赤で巻きかがりをして仕上げます。

約50cm残して糸を切る

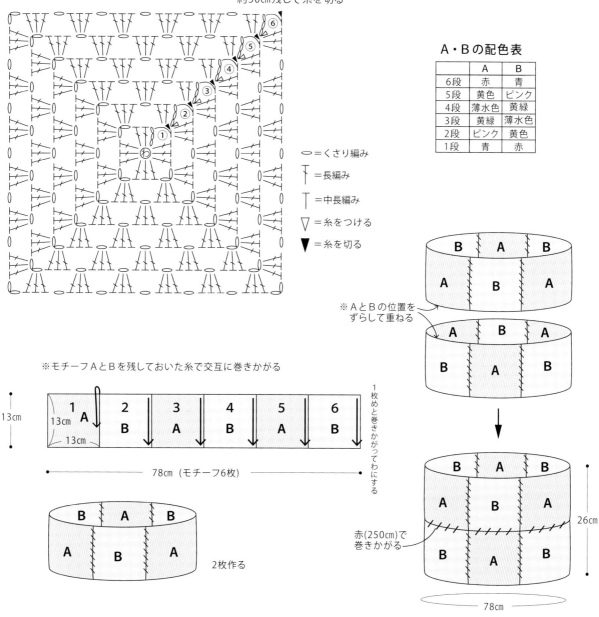

○＝くさり編み
Ŧ＝長編み
T＝中長編み
▽＝糸をつける
▼＝糸を切る

A・Bの配色表

	A	B
6段	赤	青
5段	黄色	ピンク
4段	薄水色	黄緑
3段	黄緑	薄水色
2段	ピンク	黄色
1段	青	赤

※AとBの位置をずらして重ねる

※モチーフAとBを残しておいた糸で交互に巻きかがる

13cm

13cm

13cm

| 1 A | 2 B | 3 A | 4 B | 5 A | 6 B |

1枚めと巻きかがってわにする

78cm (モチーフ6枚)

2枚作る

赤(250cm)で巻きかがる

26cm

78cm

3-a

3-b

ベースの色を濃くするか淡くするかで印象がガラリと変わるので、いくつか作っておくのも楽しい。どちらも6色ずつ使用しています。

3.

スクエアつなぎのバッグ

how to make → P24

中心をお花のように丸く編んでスクエアモチーフをアレンジ。これを13枚、編みながらつないでいきます。お財布とハンカチを入れて、軽やかに出かけましょう。
使用糸：ハマナカ アメリー

4.

ハンドウォーマー

how to make → P26

スクエアモチーフを手のひらと手の甲に
1枚ずつ。親指を出す穴も開いているの
でとっても使いやすいハンドウォーマー
です。レースのような、かわいいふち編
みもマスターしましょう。
使用糸：ハマナカ ピッコロ

4-b   4-a

裏と表の区別がないので、どっちが右でも左で
も大丈夫。作る時もはめる時も気楽です。

3. スクエアつなぎのバッグ

Photo → P20

【使用糸】
aハマナカ アメリー　グレー(22)…70ｇ、白(20)…40ｇ、
水色(45)・うぐいす(54)…各30ｇ、ピンク(7)・赤(55)…各20ｇ
bハマナカ アメリー　紺(53)…70ｇ、薄水色(10)…40ｇ、
ベージュ(40)・青(47)…各30ｇ、黄緑(33)・ブルー(37)…各20ｇ
【用具】
かぎ針4/0号
【ゲージ】
モチーフ1枚 11cm×11cm
【出来上がりサイズ】
幅32cm　高さ32.5cm(ひも含まず)

Point

わの作り目をして、図を参照してモチーフを色を
替えながら編み、2枚めからはイ・ロを交互につな
げながら編み進みます。袋口にふち編みをし、ひ
もを編んで縫いつけます。

モチーフの編み順

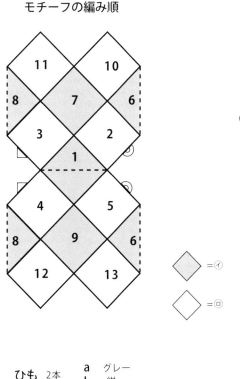

ふち編み　a　グレー
　　　　　　b　紺

※ふち編み一周(172目)拾う

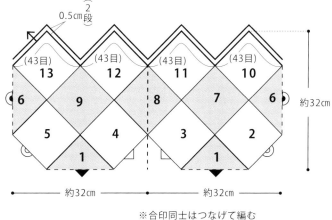

※合印同士はつなげて編む

ひも　2本　a　グレー
　　　　　　　b　紺

ひも
裏側に縫いつける

24

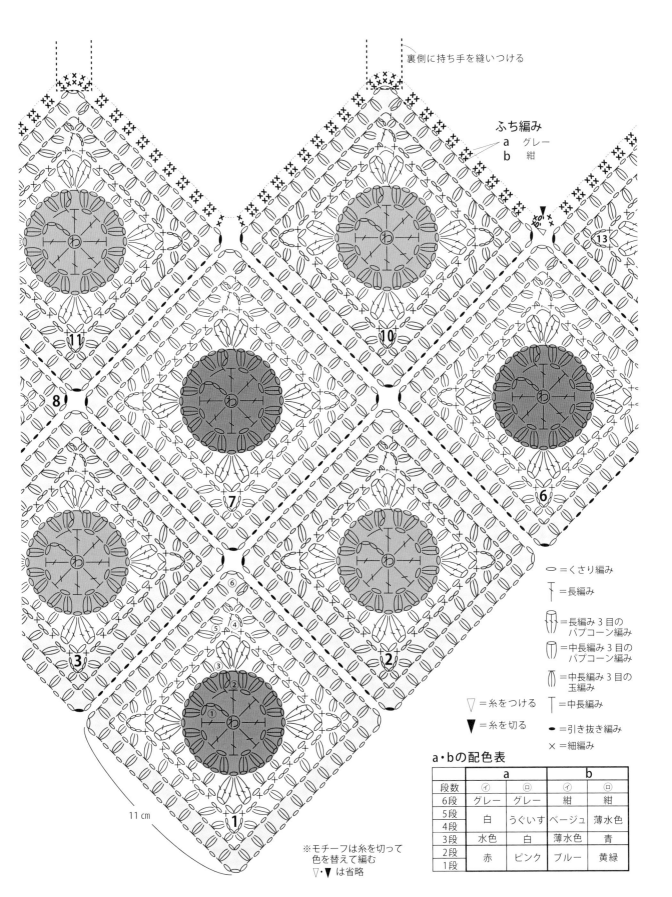

裏側に持ち手を縫いつける

ふち編み
a グレー
b 紺

11cm

※モチーフは糸を切って
色を替えて編む
▽・▼は省略

⌒ =くさり編み

⊤ =長編み

=長編み3目の
パプコーン編み

=中長編み3目の
パプコーン編み

=中長編み3目の
玉編み

⊤ =中長編み

▽ =糸をつける

▼ =糸を切る

● =引き抜き編み

× =細編み

a・bの配色表

段数	a イ	a ロ	b イ	b ロ
6段	グレー	グレー	紺	紺
5段	白	うぐいす	ベージュ	薄水色
4段				
3段	水色	白	薄水色	青
2段	赤	ピンク	ブルー	黄緑
1段				

4. ハンドウォーマー

Photo → P22

【使用糸】
aハマナカ ピッコロ　黄緑(32)…25ｇ、黄色(27)…20ｇ
bハマナカ ピッコロ　グレー(50)…25ｇ、紺(36)…20ｇ
【用具】
かぎ針4/0号
【ゲージ】
モチーフ1枚 9.5cm×9.5cm
【出来上がりサイズ】
周囲19cm　長さ17.5cm

Point

わの作り目をして、図を参照してモチーフを色を
替えながら4枚編み、編み終わりの糸を約25cm残
して糸を切ります。残しておいた糸を使い、2枚
の両側を図のように一方は親指穴を残して巻きか
がり、筒状にします。手首側に糸をつけて、指定
糸でぐるっと模様編みを7段編み、編み終わりに
ふち編みを1段編みます。指先側にも糸をつけて、
ふち編みを1段編んで、仕上げます。同じように
して、もう片方を作ります。

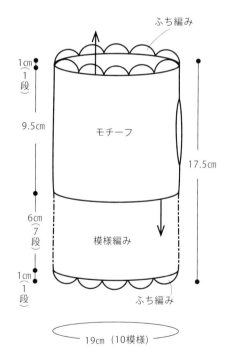

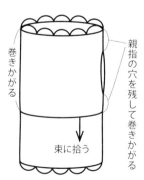

指先側

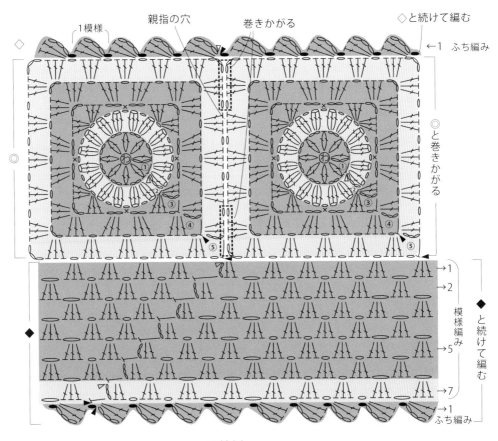

1模様　　親指の穴　　巻きかがる　　◇と続けて編む

◇　　　　　　　　　　　　　　　　　　　　　　　←1　ふち編み

◎　　　　　　　　　　　　　　　　　　　　◎と巻きかがる

◆　　　　　　　　　　　　　　　　　　　　→1
　　　　　　　　　　　　　　　　　　　　　→2
　　　　　　　　　　　　　　　　模様編み　→5
　　　　　　　　　　　　　　　　◆と続けて編む
　　　　　　　　　　　　　　　　　　　　　→7
　　　　　　　　　　　　　　　　　　　　　→1
　　　　　　　　　　　　　　　　　　ふち編み

手首側

■ ＝a・黄緑、b・グレー

□ ＝a・黄色、b・紺

◠ ＝くさり編み

✕ ＝細編み

🇹 ＝長編み

⊤ ＝中長編み

🇹 ＝長編み2目の玉編み

🇹 ＝長編み3目の
　　　パプコーン編み

▽ ＝糸をつける

▼ ＝糸を切る

• ＝引き抜き編み

a・bの配色表

	a	b
5段	黄色	紺
4段	黄緑	グレー
3段		
2段	黄色	紺
1段	黄緑	グレー

5.

こたつカバー

how to make → P32

懐かしい雰囲気が魅力のグラニー編みですが、
こたつカバーにすると、よりいっそう昭和のレ
トロ感がアップ。中心から好きな大きさになる
まで、ぐるぐるぐるぐる。手持ちのこたつカ
バーのサイズに合わせてください。ふち編みの
ポンポンもキュートです。
使用糸：ハマナカ ボニー

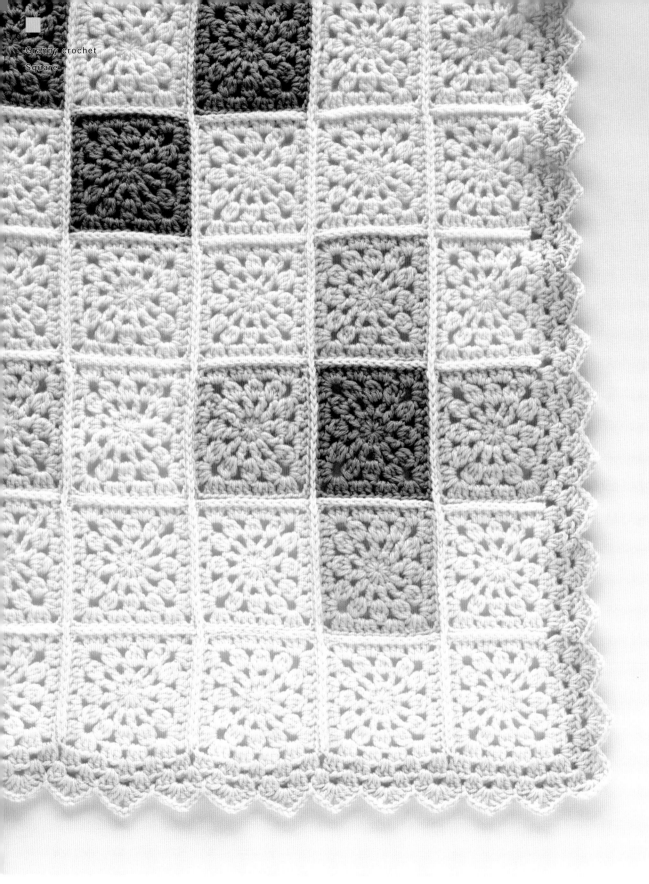

6.

ブランケット

ふわふわと肌ざわりのよい毛糸で編んだブランケットは、出産祝いにぴったりです。単色で編んだモチーフを、クロス模様に並べてつなぎ、スカラップレースのようなふち編みをして出来上がりです。
使用糸：ハマナカ かわいい赤ちゃん

how to make → P33

5. こたつカバー

Photo → P28

【使用糸】

ハマナカ ボニー　えんじ(450)・オレンジ(434)…各3玉(150ｇ)、白(442)・茶(615)…各4玉(200ｇ)、黄緑(407)・紺(473)・ピンク(405)・赤(429)…各5玉(250ｇ)、グリーン(498)・イエロー(478)…各6玉(300ｇ)

【用具】

かぎ針8/0号

【ゲージ】

モチーフ6段めで約20cm×20cm

【出来上がりサイズ】

181cm×181cm(ふち含む)

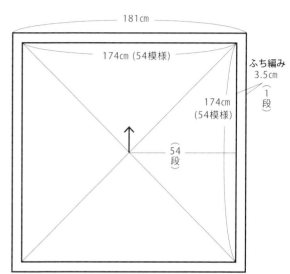

Point

わの作り目をして、配色表を参照して3段ごとに色を替えながら54段まで編み、ふち編みを1段編んで仕上げます(P95参照)。

段数		色	色番
25〜27段	52〜54段	イエロー	478
22〜24段	49〜51段	グリーン	498
19〜21段	46〜48段	ピンク	405
16〜18段	43〜45段	紺	473
13〜15段	40〜42段	黄緑	407
10〜12段	37〜39段	茶	615
7〜9段	34〜36段	白	442
4〜6段	31〜33段	オレンジ	434
1〜3段	28〜30段	えんじ	450

54段まで3段ごとの配色を繰り返す

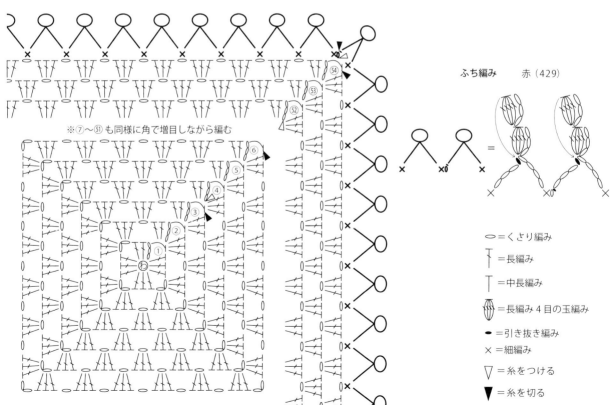

※⑦〜㊿も同様に角で増目しながら編む

ふち編み　赤(429)

⌒ ＝くさり編み

十 ＝長編み

T ＝中長編み

⬮ ＝長編み4目の玉編み

● ＝引き抜き編み

× ＝細編み

▽ ＝糸をつける

▼ ＝糸を切る

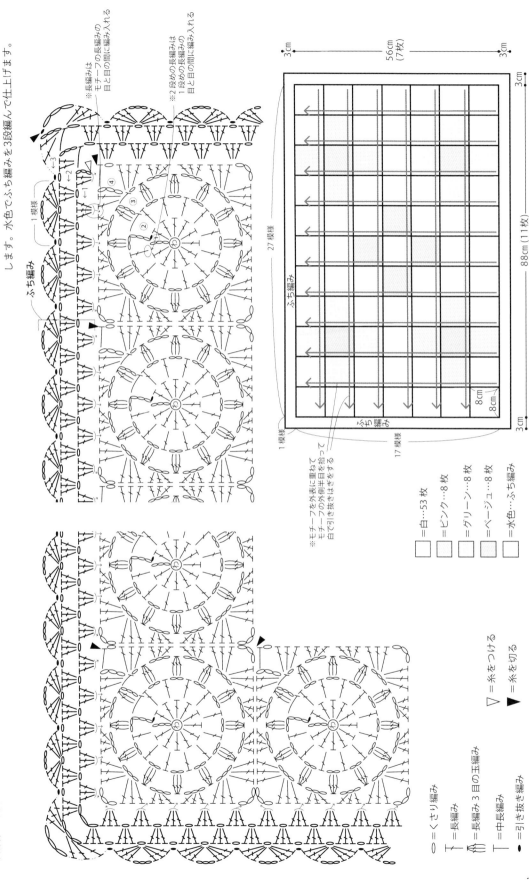

6. ブランケット

Photo → P30

【使用糸】 ハマナカ かわいい赤ちゃん 白(2)…6玉 (240 g)、
ベージュ(25)・ピンク(34)・グリーン(36)…各1玉 (40 g)、
水色(6)…2玉 (80 g)、

【用具】 かぎ針5/0号 **【ゲージ】** モチーフ1枚 8cm×8cm

【出来上がりサイズ】 62cm×94cm

Point

わの作り目をして、白のモチーフ53枚、ベージュ、ピ
ンク、グリーンのモチーフを各8枚編みます。図を参照
してモチーフを配置し、白で縦、横を縦、横をはぎ (P10)
します。水色でふち編みを3段編んで仕上げます。

※長編みは
モチーフの長編みの
目と目の間に編み入れる

※2段めの長編みは
1段めの長編みの
目と目の間に編み入れる

1模様

ふち編み

1模様

ふち編み

※モチーフを外表に重ねて
モチーフの外側半目を拾って
白で引き抜きはぎをする

3cm

56cm
(7枚)

3cm

3cm

27模様

ふち編み

88cm(11枚)

ふち編み

8cm
8cm

3cm

17模様

○ = くさり編み

┬ = 長編み

⊥⊥⊥ = 長編み3目の玉編み

┬ = 中長編み

• = 引き抜き編み

▽ = 糸をつける

▶ = 糸を切る

□ = 白…53枚

□ = ピンク…8枚

□ = グリーン…8枚

□ = ベージュ…8枚

□ = 水色…ふち編み

33

しましまに編む 基本の編み方

くさり編みで作り目をし、最初の段は目を拾い、2段目以降は束に拾って往復に編んでいきます。

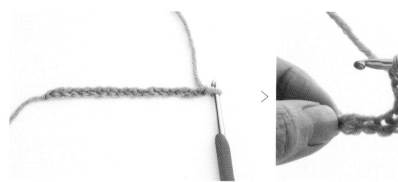

①くさり編みで作り目をします。目の数は編みたいサイズや編み図に合わせますが、ここでは3の倍数＋1になるようにします。

②立ち上がり目を3目編みます（編み図A）。

③次の目に針を入れ、長編みを1目（編み図B）編みます。

④くさり編みを1目編み、2目あけ、長編み3目を、同じ目を拾って編み入れます。

⑤くさり編み1目、2目あけ、長編み3目を繰り返します。

⑥左端は長編み2目を編みます（編み図C）。1段めが編めたところ。

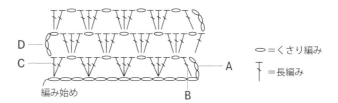

※記号の編み方はP92

D

C ── A

編み始め

B

○ = くさり編み

T = 長編み

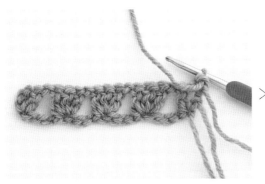

⑦2段めを編みます。往復に編むので、編み地を裏返します。色を替える場合は長編みの最後を引き抜く時に新しい糸をつけて引き抜きます。

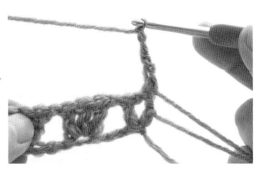

⑧くさり編み3目で立ち上がり目を作り（編み図D）、さらにくさり編み1目を編みます。

⑨束に拾って長編み3目を編みます。

⑩くさり編み1目、長編み3目を繰り返して編みます。端は立ち上がり目と長編みの間を束に拾って長編みを1目編みます。

⑪表に返し、3段めを編みます。くさり編み3目で立ち上がり目を編み、束にとって長編み1目、くさり編み1目、長編み3目を編みます。

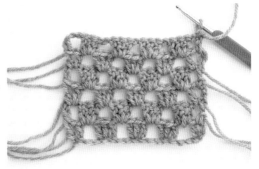

⑫同様にして好きな段を編みます。両端のパターンさえ覚えれば、好きな幅、好きな長さに編むことができます。

7.

縦じまのマフラー

how to make → P40

長いほうの辺に作り目をして縦に編み進
んでいくマフラーです。グラニー編みは
長編みが多いですが、この作品はこま編
みで密に編んでいます。そのためストラ
イプが波打つようなラインになって面白
い効果が出ます。
使用糸：ハマナカ メンズクラブマスター

7-b

7-a

8.

ミックスマフラー

how to make → P41

スクエアとストライプを効果的に組み合わせたデザイン性の高い一枚。淡い色合いのモヘアで軽やかに。モヘアは見た目だけでなく、重量も軽く仕上がるので、面積の大きい巻きものや、はおりものにぴったりの素材です。
使用糸：ハマナカ モヘア

7. 縦じまのマフラー

Photo → P36

【使用糸】
aハマナカ メンズクラブマスター　白(22)・グレー(71)・
ピンク(76)…各2玉（100ｇ）
bハマナカ メンズクラブマスター　紺(7)…5玉（250ｇ）、
ベージュ(18)…1玉（50ｇ）
【用具】かぎ針8/0号
【ゲージ】模様編み(10㎝平方)　13.5目15段
【出来上がりサイズ】長さ175㎝（フリンジ含まず）　幅17.5㎝

Point

くさり編みの作り目を236目作り、aは2段ごと
に26段、bは1,2段めと25,26段めをベージュで、
中間で紺で編みます。フリンジの糸をカットして、
両端につけて端を切り揃え、仕上げます。

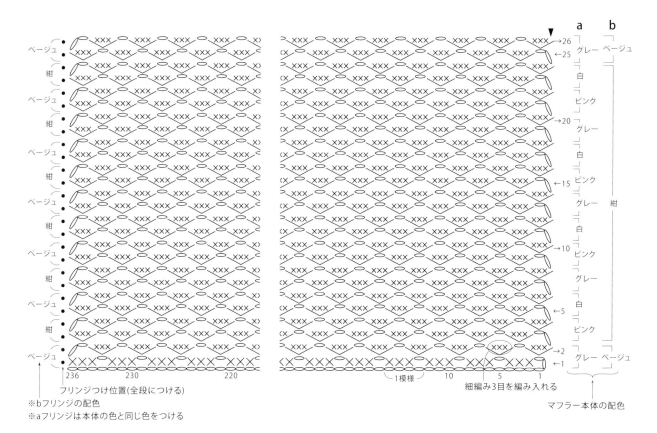

ベージュ　紺　ベージュ　紺　ベージュ　紺　ベージュ　紺　ベージュ　紺　ベージュ　紺　ベージュ

a　b
グレー　ベージュ
白
ピンク
グレー
白
ピンク
グレー　紺
白
ピンク
グレー
白
ピンク
グレー　ベージュ

236　230　220　　　　　1模様　10　5　1　　細編み3目を編み入れる

フリンジつけ位置(全段につける)

マフラー本体の配色

※bフリンジの配色
※aフリンジは本体の色と同じ色をつける

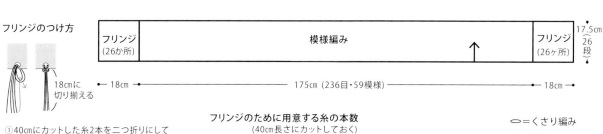

フリンジのつけ方

フリンジ (26か所)	模様編み	フリンジ (26ヶ所)	17.5㎝ 26段

18㎝に
切り揃える

— 18㎝ — 　　— 175㎝ (236目・59模様) —　　 — 18㎝ —

①40㎝にカットした糸2本を二つ折りにして
　輪の部分を指定位置から引き出す
②引き出した輪の部分に糸端4本を通して絞る
③糸端を18㎝に切り揃える

フリンジのために用意する糸の本数
(40㎝長さにカットしておく)

a　白………32本　　b　ベージュ…56本
　ピンク…32本　　　　紺………48本
　グレー…40本

◯＝くさり編み
×＝細編み
▼＝糸を切る

40

8. ミックスマフラー

Photo → P38

【使用糸】ハマナカ モヘア 白(1)・パープル(8)・ベージュ(15)・グリーン(101)…各2玉 (50 g)

【用具】
かぎ針4/0号

【ゲージ】モチーフ1枚 9cm×9cm
模様編み 6模様9cm 6段5cm

【出来上がりサイズ】
長さ162cm 幅 26cm

Point

わの作り目をして、図を参照して色を替えながらA、Bのモチーフをそれぞれ18枚編み、編み終わりの糸を約30cm残して切ります。編み終わりの糸を使って、図のようにAとBを交互に18枚×2列巻きかがります。指定位置に糸をつけ、巻きかがりをしたモチーフに模様編みを編み出して2段ずつのしまに10段編んで仕上げます。

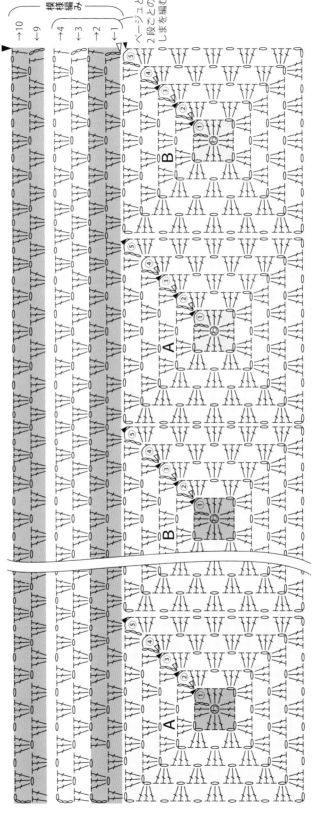

模様編み

→10
→9
→4
→3
→2
→1

ページュと白の2段ごとのしまを編む

B
A
B
A

○=くさり編み
$\top$=長編み
$\top$=中長編み
$\vee$=糸をつける
▶=糸を切る

A・Bの配色表

	A	B
5段	白	グリーン
4段	パープル	グリーン
3段	白	白
2段	グリーン	パープル
1段	ベージュ	ベージュ

8cm(10段)
18cm

模様編み

A	B	A	B	A	B	A	B	A	B	A	B	A	B	A	B	A	B
B	A	B	A	B	A	B	A	B	A	B	A	B	A	B	A	B	A

(108模様)束に拾う →

		B
	A	
A	B	A
B	A	B
A	B	A
B	A	B
A	B	A
B	A	B

162cm(モチーフ18枚)

41

三角形に編む 基本の編み方

二等辺三角形のモチーフ

底辺の中心から編み始め、2つの辺を往復に編む方法です。頂点が直角の二等辺三角形になります。
大きく編み続けるとストールになります。

①指に糸を2回巻き、「わ」を作ります。糸端はあとで始末するので10〜15cmほど残しておきます。

②1段めを編みます。「わ」に針を入れ糸を引き出し、立ち上がり目を3目＋くさり編み2目（編み図A）を編みます。

③続けて長編み3目、くさり編み2目、長編み3目、くさり編み1目、長々編み1目を編みます。2段めから色を替える場合は最後を引き抜く時に新しい糸をつけます。

④1段めを編んだら編み始めの糸をゆっくり引いて「わ」を縮めます。

⑤段の終わりは長々編みにします（編み図B）。色を替えない場合はそのまま同じ糸で続けます。

⑥2段めを編みます。往復に編むので裏に返し、立ち上がり目3目＋くさり編み2目（編み図C）を編みます。

⑦編み図どおりに長編みとくさり編みを繰り返します。

⑧色を替える場合は最後に引き抜く時に新しい糸に替えます。単色の場合はそのまま続けて編みます。

⑨表に返して3段め（黄色）を編みます。

⑩同様にして往復に編んでいきます。好きな大きさになったら糸を切り、とじ針で編み地にくぐらせて始末します。

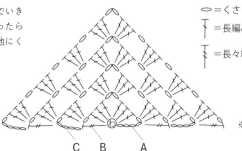

◯ ＝くさり編み

┳ ＝長編み

┳ ＝長々編み

C B A

※記号の編み方はP92

正三角形のモチーフ

正方形（P6）と同じ編み方ですが、1段めの4つの花びらのような部分を3つにすることで正三角形になります。
往復に編む二等辺三角形と違い、ずっと表を見ながらぐるぐる編みます。

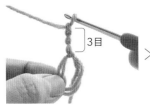

①指に糸を2回巻き、「わ」を作り針を入れます。立ち上がり目を3目（編み図A）を編みます。

②続けて長編みとくさり編みを編み図どおりに編み進めます。

③1段めの最後は長編みでつなぎます（編み図B）。花びらのような部分が3枚なので三角形になります。

④2段めから色を替える場合は最後を引き抜く時に新しい糸をつけます。

⑤編み始めの糸を引き、中心の「わ」を引き締めます。かぎ針をわの中に入れて引くとスムーズに縮まります。

⑥2段めを編みます（編み図C）。

⑦1段めと同じ要領で長編みを束に拾って編みます。

⑧2段めの最後は長編みでつなぎます（編み図D）。色を替える場合は最後に引き抜く時に新しい糸をつけます。

⑨3段めも同様に編みます。最終段の最後はくさり編み5目で引き抜き編みでつなぎます。他のモチーフとつなぐ場合はP44参照。

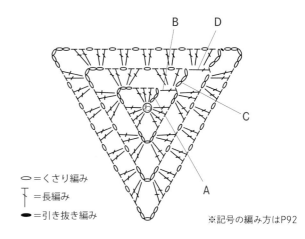

⬭＝くさり編み
⊤＝長編み
⬬＝引き抜き編み

※記号の編み方はP92

モチーフをつなぐ（編みながらつなぐ）

モチーフの最終段を編む時に、隣のモチーフに引き抜き編みでつなぎながら編みます。編んだあとに
つなぐ方法に比べて最初はややこしく感じますが、慣れると糸始末も最小限ですみ、編みながら形が
出来上がっていくのでとても楽しいもの。四角形や六角形なども同じようにしてつなぐことができます。

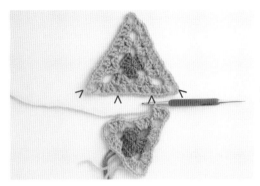

①モチーフを1枚編み、もう一枚は最終段を残して編みま
す。∧がつなぐ位置です。

②∧の位置まで来たら、相手のモチーフに上からかぎ針を
入れ、（束に拾う）糸をかけて引き抜きます（引き抜き編み）。
これで1か所つながりました。

③編み図どおりに編み進み、∧の位置に来たら同様に隣の
モチーフを束に拾い、引き抜き編みでつなぎます。

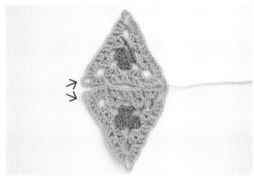

④編み図どおりに3段めを1周編みます。矢印の部分は後
でつなぐために、つながずに残してあります。

⑤3枚めのモチーフの2段めまで編み、3段めは同様に編
みながらつないでいきます。

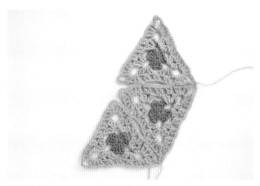

⑥3枚めのモチーフがつながりました。

⑦同じ要領でどんどんつないでいきます。角が集まる部分は、そのつどつないでもいいのですが、残しておいて最後に一度につなぐと糸の交差が少なく、すっきり仕上がります。

⑧最後のモチーフが中心に来た時に一度につなぎます。かぎ針を上から順番に入れます。

⑨全部の角に針を入れたところ。このあと針に糸をかけて一度に引き抜きます。

⑩中心がつながったら、最後のモチーフを、隣とつなぎながら最後まで編みます。

⑪6つのモチーフがつながりました。同様にしていくつでも、好きなだけつなぐことができます。

段の編み終わりは…

正方形など、編み終わりの角の部分は次の段の立ち上がり目の位置の関係からくさり編みではなく、中長編みでつないでいます。しかし編みながらつなぐ場合は、最終段の最後はくさり編みと引き抜き編みにする場合もあります。

編み終わりを中長編みにする場合

編み終わりをくさり編み＋引き抜き編みにする場合

9-b

9.

三角ショール

how to make → P50

肩のあたりがもたつかず、四角よりも
すっきりとはおれる二等辺三角形の
ショールです。かさばらないので1枚あ
ると肌寒い日に便利。パンツにもスカー
トにも合い、コートの上にはおっても素
敵です。
使用糸：ハマナカ アメリーエフ《合太》

正方形を斜めに半分にした二等辺
三角形は、底辺の中心から往復に
編みます。仕上げにポンポンのふ
ち編みをしてかわいらしく。

9-a

10-b

10-a

10.

三角つなぎのクッション

how to make → P51

正三角形に編んだモチーフを編みながらつなぎ、ヌード
クッションを入れてとじます。はっきりしたコントラス
トの配色も発色のよいアクリル毛糸ならでは。短時間で
編めるので、ぜひいくつも作ってみてください。
使用糸：ハマナカ ラブボニー

9. 三角ショール

Photo → P46

【使用糸】
aハマナカ アメリーエフ《合太》 ベージュ(521)…140g、
赤(509)…30g、紫(511)…20g
bハマナカ アメリーエフ《合太》 黒(524)…140g、
ブルー(528)…30g、ピンク(504)…20g
【用具】
かぎ針4/0号
【ゲージ】
模様編み(10cm平方) 6模様 12.5段
【出来上がりサイズ】
幅132cm 長さ66cm(ふち含まず)

Point

わの作り目をして、配色表を参照して色を替え
ながら54段まで編み、ふち編みを1段編んで仕
上げます (P95)。

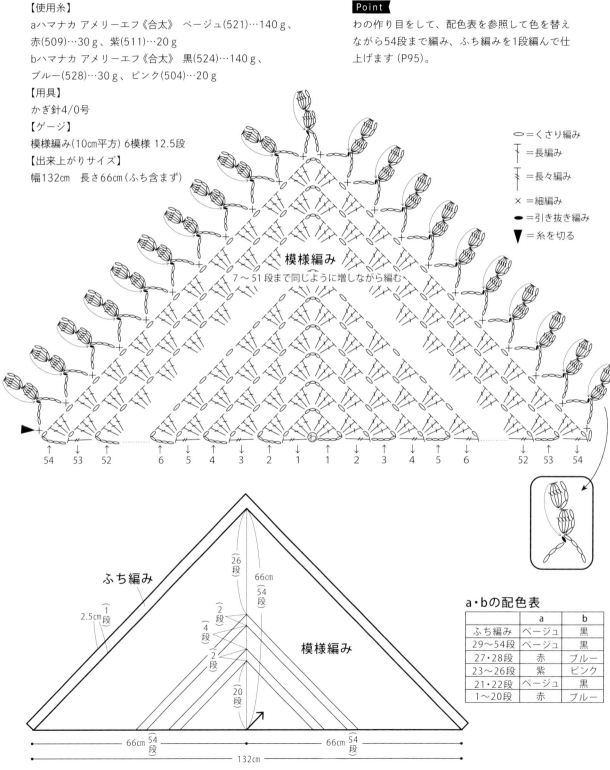

模様編み
7〜51段まで同じように増しながら編む

〇=くさり編み
†=長編み
‡=長々編み
×=細編み
●=引き抜き編み
▼=糸を切る

54 53 52 6 5 4 3 2 1 1 2 3 4 5 6 52 53 54

ふち編み
2.5cm ①段

(26段)
66cm (54段)
②段
④段
②段
②段
模様編み
(20段)

模様編み

66cm (54段) 66cm (54段)
132cm

a・bの配色表

	a	b
ふち編み	ベージュ	黒
29〜54段	ベージュ	黒
27・28段	赤	ブルー
23〜26段	紫	ピンク
21・22段	ベージュ	黒
1〜20段	赤	ブルー

10. 三角つなぎのクッション

Photo → P48

【使用糸】
a ハマナカ ラブボニー　ベージュ(103)・オレンジ(106)・
こげ茶(119)・白(125)…各2玉 (80g)
b ハマナカ ラブボニー　ピンク(110)・緑(113)・こげ茶(119)・
白(125)…各2玉 (80g)
【材料】 ヌードクッション45cm×45cm　**【用具】** かぎ針5/0号
【ゲージ】 モチーフ1辺　約11cm　**【出来上がりサイズ】** 45cm×45cm

Point

わの作り目をして、モチーフを指定色で
編み、2枚めからは図を参照して番号順
につなぎながら指定色で袋状に編みます。
57を編む時にヌードクッションを入れ
て、袋をふさぎながら編みます。

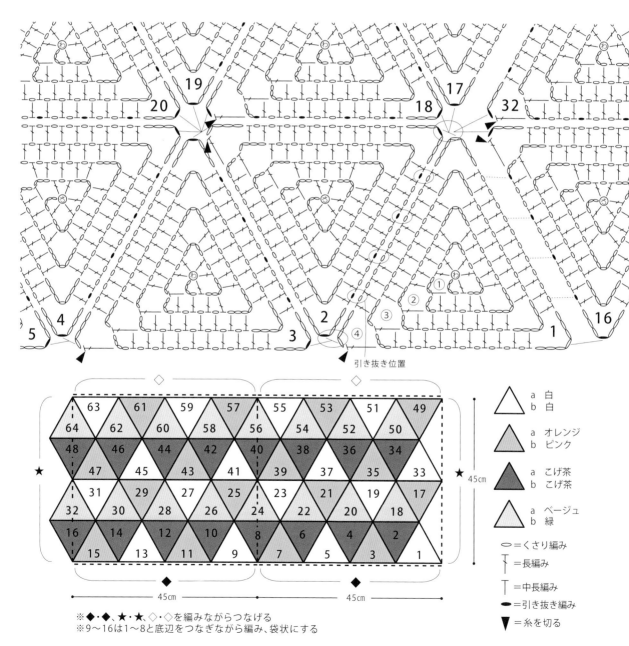

引き抜き位置

				a	白
				b	白

a オレンジ
b ピンク

a こげ茶
b こげ茶

a ベージュ
b 緑

◯ ＝くさり編み
┬ ＝長編み
┰ ＝中長編み
● ＝引き抜き編み
▼ ＝糸を切る

※◆・◆、★・★、◇・◇を編みながらつなげる
※9〜16は1〜8と底辺をつなぎながら編み、袋状にする

51

11.

三角つなぎのショール

how to make → P54

ふわふわのアルパカの毛糸で編んだショールは、軽いのにとても暖か。かさばらないのでひとつあると便利なアイテムです。2種類の正三角形のモチーフを104枚作るので大変そうですが、編みながらつなぐので意外と早くできますよ。
使用糸：ハマナカ ソノモノ スーリーアルパカ

11. 三角つなぎのショール

Photo → P52

【使用糸】
ハマナカ ソンモノ スーリーアルパカ
こげ茶(83)…4玉(100 g)、白(81)…3玉(75 g)、淡茶(82)…2玉(50 g)
【用具】かぎ針3/0号
【ゲージ】モチーフ1辺 約8.7cm
【出来上がりサイズ】長さ123cm 幅24cm

Point
わの作り目をして、モチーフを編み、2枚めからは図を参照して番号順につなぎながら指定色で編んで仕上げます。

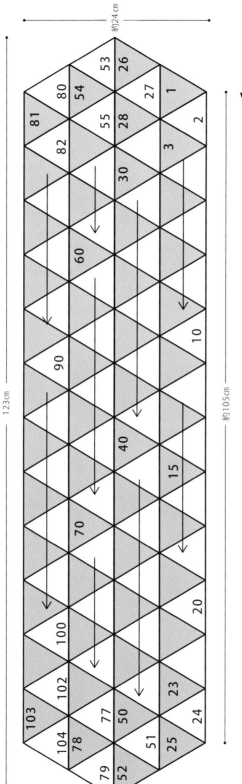

約24 cm

123cm

約105cm

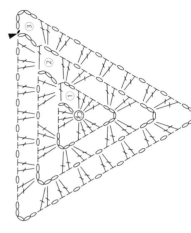

長方形に編む 基本の編み方

しましま同様、くさり編みで作り目をし、それを中心にぐるぐると一方向に編んでいきます。
作り目以外はグラニースクエア（P6）と同じ編み方です。

①くさり編みで作り目をします。目の数は
編みたいサイズまたは編み図に合わせます
が、ここでは3の倍数＋1になるようにし
ます。

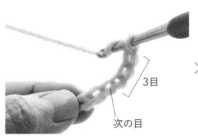

②立ち上がり目を3目（編み図A）編みます。
次の目（端から4目め）に針を入れ、長編み
を2目同じ目に入れて編みます。

③立ち上がり目と長編みが2目（編み図B）
編めたところ。

④くさり編みを1目編みます。

⑤2目あけて、長編みを同じ目から拾って
3目編みます。

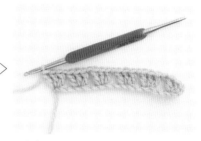

⑥④⑤を繰り返して端まで編みます。

⑦くさり編みを1目編み、⑥と同じ目を拾
って長編みを1目、くさり編みを1目編み
ます（編み図C）。

⑧同じ目を拾い、長編み3目、くさり編み
1目を繰り返してもう片方の側も編みます。
拾う目は最初の側と同じ目です。

⑨同じ目を拾いながら端まで編みます。

⑩ 1段めの最後は、中長編みでつなぎます（編み図D）。

⑪色を替える場合は中長編みの最後を引き抜く時に新しい糸をつけて引き抜きます。替えない場合はそのまま立ち上がり目を編みます。

⑫ 1段めを束に拾いながら2段めを編みます。

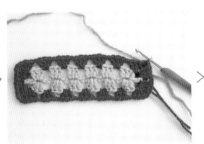

⑬角に増し目をすることで、スクエア同様、四角い形になっていきます。

⑭最後は、1段め同様、中長編みでつなぎます。色を替える場合は中長編みの最後を引き抜く時に新しい糸をつけて引き抜きます。替えない場合はそのまま立ち上がり目を編みます（編み図E）。

⑮ 2段め同様、3段め、4段めと好きなだけ増やしていきます。

◯＝くさり編み

┬＝長編み

┬＝中長編み

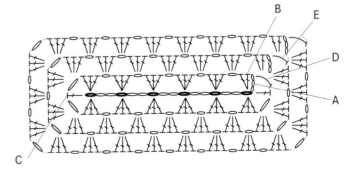

※記号の編み方はP92

12-a

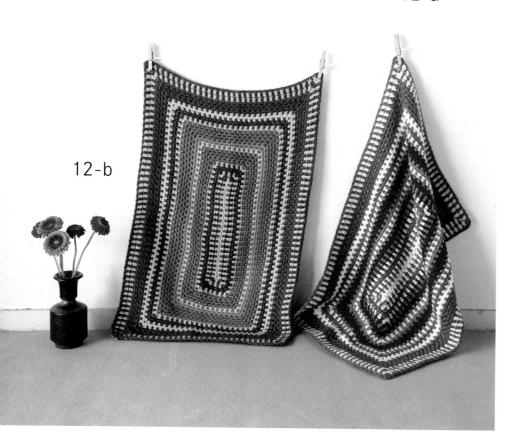

12-b

12.

ラグマット

how to make → P59

極太毛糸で編んだ重量感のあるマット。
防臭効果があり、丸ごと洗えるアクリル
毛糸はマットにぴったりです。長方形は
中心にくさり編みを1本編んで土台に
し、ぐるぐると好きな大きさになるまで
編みます。
使用糸：ハマナカ ポニー

12. ラグマット

Photo → P58

【使用糸】
aハマナカ ボニー　白(442)・茶(615)…各2玉（100ｇ）、えんじ(450)・
濃オレンジ(482)・グリーン(602)…各1玉（50ｇ）
bハマナカ ボニー　淡グレー(616)・濃グレー(617)…各2玉（100ｇ）、
オレンジ(434)・ターコイズ(608)・紺(610)…各1玉（50ｇ）
【用具】
かぎ針8/0号
【ゲージ】
模様編み(10cm平方)13.5目15.5段
【出来上がりサイズ】
76cm×50cm

Point

1段めの指定色でくさり編みを39目作り、
ぐるぐると増し目をしながら指定色で32段
編みます。

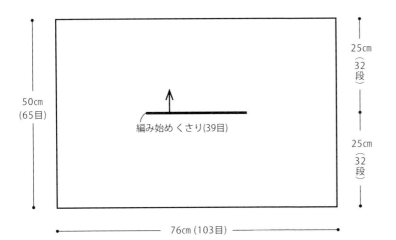

50cm
(65目)

25cm
（32
段）

25cm
（32
段）

編み始め くさり(39目)

76cm (103目)

a・bの配色表

段数	a	b
32段	茶	濃グレー
31段	白	淡グレー
30段	茶	濃グレー
29段	白	淡グレー
27・28段	グリーン	紺
26段	茶	濃グレー
25段	グリーン	紺
24段	茶	濃グレー
22・23段	白	淡グレー
20・21段	茶	濃グレー
19段	白	淡グレー
18段	濃オレンジ	オレンジ
15～17段	えんじ	ターコイズ
13・14段	濃オレンジ	オレンジ
12段	白	淡グレー
11段	濃オレンジ	オレンジ
9・10段	えんじ	ターコイズ
8段	濃オレンジ	オレンジ
7段	えんじ	ターコイズ
6段	白	淡グレー
4・5段	茶	濃グレー
3段	白	淡グレー
2段	茶	濃グレー
1段	白	淡グレー

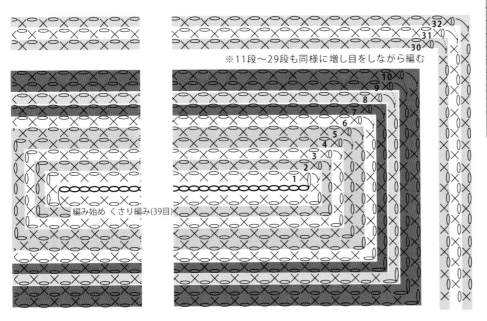

※11段～29段も同様に増し目をしながら編む

編み始め くさり編み(39目)

〇 ＝くさり編み

× ＝細編み

⊤ ＝中長編み

※モチーフは糸を切って
色を替えて編む
▽・▼ は省略

13.

マーガレット

how to make → P62

腕を通すだけで雰囲気が出るボレロのようなマーガレット。一見複雑な形に見えますが、中心から長方形に編み、最終段で端を2か所つなぎながら編むと出来上がりです。これは暖かいウールで編んでいますが、さらっとした麻やコットンで夏用のはおりものにしてもいいですね。
使用糸：ハマナカ エクシードウールL《並太》

13. マーガレット

Photo → P60

【使用糸】
ハマナカ エクシードウールL《並太》
ベージュ(855)…310g、
グレー(860)…120g
【用具】
かぎ針6/0号
【ゲージ】
模様編み(10cm平方) 20目10段
【出来上がりサイズ】
139cm×21.5cm

Point

ベージュでくさり編みを185目作り、ぐるぐると
増し目をしながら14段編みます。グレーに糸を
替え、細編みとくさり編みで1段編んでから、色
を替えながら21段まで編みます。21段めの下側
の辺を編む時に両側20模様を引き抜き編みをし
ながらつなぎます。

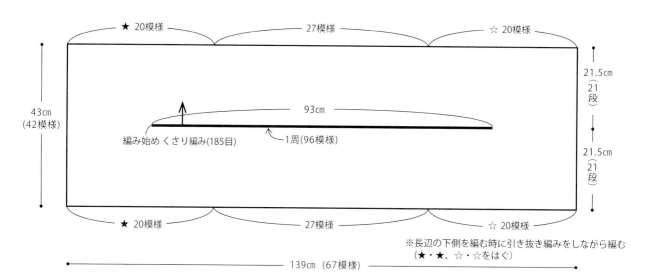

★ 20模様　　27模様　　☆ 20模様

21.5cm
(21段)

43cm
(42模様)

93cm

編み始め くさり編み(185目)

1周(96模様)

21.5cm
(21段)

★ 20模様　　27模様　　☆ 20模様

※長辺の下側を編む時に引き抜き編みをしながら編む
(★・★、☆・☆をはぐ)

139cm (67模様)

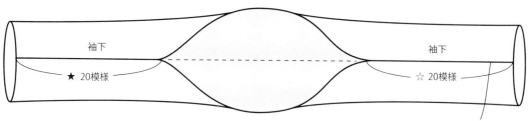

袖下　　　　　　　　　　　　　　　　袖下

★ 20模様　　　　　　　　　　　　☆ 20模様

※長辺の袖下を編む時に引き抜き編みをしながら編む

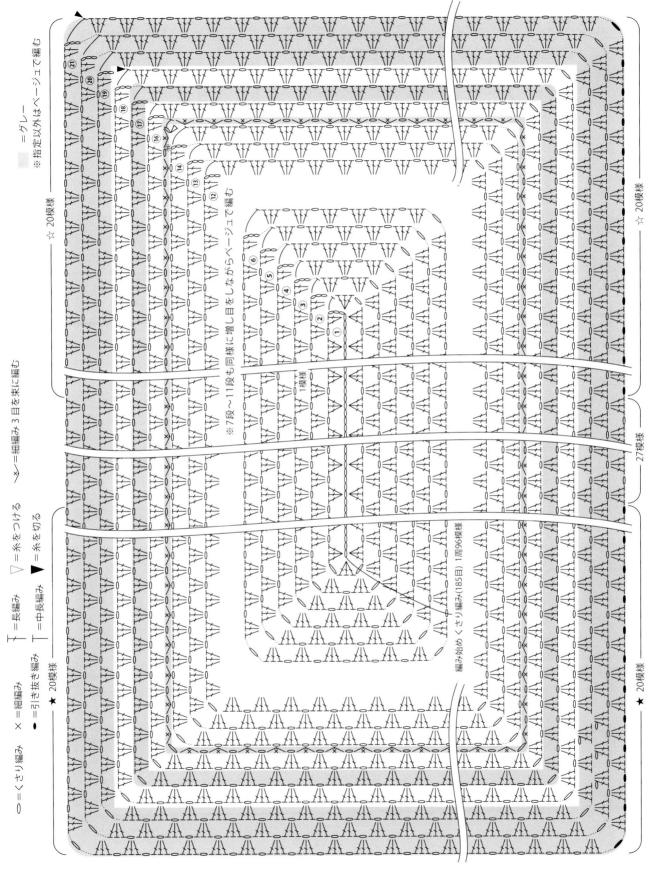

○=くさり編み　×＝細編み　　
↑=長編み　　▽=糸をつける　　╳=細編み3目を束に編む
•＝引き抜き編み　　▼＝糸を切る
↑＝中長編み

■ ＝グレー
※指定以外はベージュで編む

☆ 20模様

20模様

※7段～11段も同様に増し目をしながらベージュで編む

1模様

☆ 20模様

27模様

★ 20模様

編み始め くさり編み(185目) 1周96模様

★ 20模様

円形に編む 基本の編み方

いろいろな編み方がありますが、基本的なパターンを紹介します。円形は四角や三角とちがい、
増し目が不規則なので、編み図を見ながら編んでください。

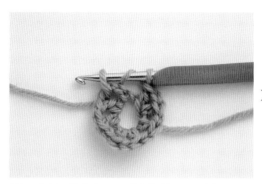

① わの作り目（P6）をして、立ち上がり目3目を編み、く
さり編みと長編みを繰り返して一周します。段の最後は、
中長編みでつなぎます。2段めから色を替える場合は最後
を引き抜く時に新しい糸をつけます。

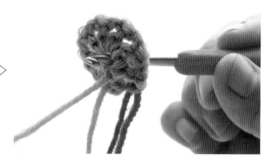

② 1段めを編んだら編み始めの糸をゆっくり引いて「わ」
を縮めます。

③ 1段めが編めたところ。色を替えない場合はそのまま同
じ糸で続けます。

④ 立ち上がり目3目＋長編み2目を編みます。あとは1段
めのくさり編みを束に拾って編み図どおりに編んでいきま
す。

⑤ 2段めが編めたところ。最後は中長編みでつなぎます。
色を替える場合は、最後に引き抜く時に新しい糸をつけます。

⑥ 2段めのくさり編みを束に拾いながら3段めを編みます。
3段めは増し目をしながら編みます。

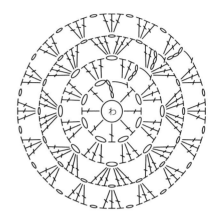

⑦編み図どおりに4段めを編みます。これでアクリルたわ
しやコースターとして使えます。

◯＝くさり編み

Ｔ＝長編み

Ｔ＝中長編み

※記号の編み方はP92

14.

アクリルたわし

how to make → P67

14-e

14-a

14-d

14-b

14-c

抗菌・防臭効果のあるアクリル毛
糸が余ったらいくつも編みたいア
クリルたわし。ティーマットや鍋
敷き、鍋つかみにも使えます。
使用糸：ハマナカ ボニー

14. アクリルたわし

Photo → P66

【使用糸】
a ハマナカ ボニー　黄緑(407)…10ｇ、白(442)・茶(615)…各5ｇ
b ハマナカ ボニー　イエロー(478)…10ｇ、白(442)・茶(615)…各5ｇ
c ハマナカ ボニー　赤(429)・グレー(617)・白(442)・グリーン(602)…各5ｇ
d ハマナカ ボニー　赤(429)…10ｇ、えんじ(450)・グリーン(602)…各5ｇ
e ハマナカ ボニー　オレンジ(434)…10ｇ、イエロー(478)・グリーン(602)…各5ｇ
【用具】
かぎ針8/0号
【出来上がりサイズ】
直径14cm

Point
わの作り目から、指定色で色を替えながら編み、編み終わりはくさり編み8目を編んで、編み始めに引き抜いてループを作ります。

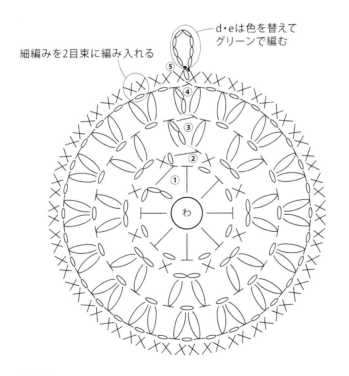

d・eは色を替えて
グリーンで編む

細編みを2目束に編み入れる

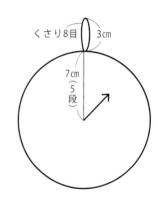

くさり8目　3cm

7cm
(5段)

○ =くさり編み

● =引き抜き編み

✕ =細編み

┬ =中長編み

(┬) =中長編み2目の玉編み

段数	a	b	c	d	e
5段	茶	茶	グリーン	えんじ	イエロー
4段	黄緑	イエロー	白	赤	オレンジ
3段			赤		
2段	茶	茶	グレー		
1段	白	白	赤		

15-b

15-a

15.

丸いクッション

how to make → P69

長編みを玉編みに置き換えてアレンジ。
ポコポコとした編み目がかわいいです。
裏と表を一枚ずつ作り、最終段でつなぎ
ながら、ヌードクッションを編みくるみ
ます。
使用糸：ハマナカ ボニー

15. 丸いクッション

Photo → P68

【使用糸】

aハマナカ ボニー　ピンク(405)…100ｇ、ベージュ(417)…90ｇ、
茶(615)…80ｇ、白(442)…70ｇ

bハマナカ ボニー　黄緑(407)…100ｇ、イエロー(478)…90ｇ、
グレー(617)…80ｇ、白(442)…70ｇ

【用具】 かぎ針8/0号

【材料】 直径40㎝のヌードクッション

【出来上がりサイズ】 モチーフ直径44㎝

Point

わの作り目から、指定色で色を替えながら
2枚編みます。2枚めの最終段で1枚めの13
段めと引き抜き編みでつなぎながら、ヌー
ドクッションを入れて仕上げます。

a・bの配色表

段数	a	b	
4段	ベージュ	イエロー	繰り返す
3段	白	白	
2段	茶	グレー	
1段	ピンク	黄緑	

〈横から見たところ〉

40㎝　4㎝

2枚めの最終段でつなぐ

22㎝
(13段)

1枚めの13段めの
同じ位置と引き抜き
編みでつなぎ合わせる

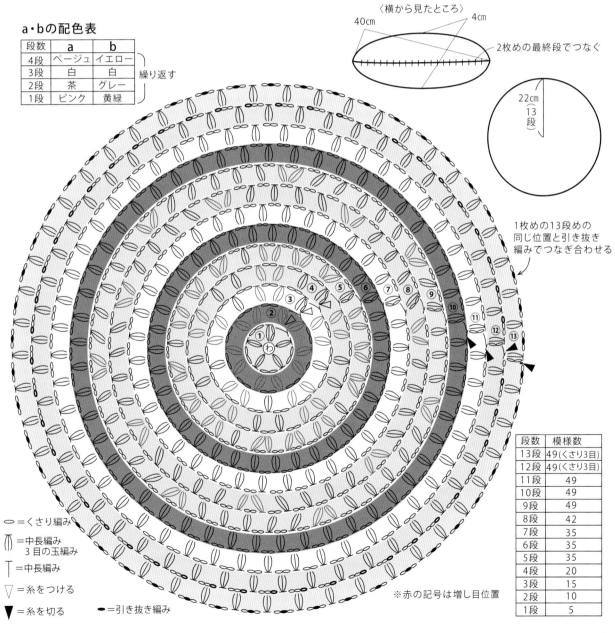

○ =くさり編み

⚭ =中長編み
3目の玉編み

┰ =中長編み

▽ =糸をつける

▼ =糸を切る

●━ =引き抜き編み

段数	模様数
13段	49(くさり3目)
12段	49(くさり3目)
11段	49
10段	49
9段	49
8段	42
7段	35
6段	35
5段	35
4段	20
3段	15
2段	10
1段	5

※赤の記号は増し目位置

六角形に編む 基本の編み方

わの作り目をする正方形や三角形とほとんど同じですが、1段めを6弁にすることで六角形になります。
スチームアイロンで形を整えるときれいな六角形になります。

①わの作り目（P6）をして、立ち上がり目3目、長編みを1目編みます。

②くさり編みと長編みを繰り返して一周します。

③段の最後は、中長編みでつなぎます。2段めから色を替える場合は最後を引き抜く時に新しい糸をつけます。

④1段めを編んだら編み始めの糸をゆっくり引いて「わ」を縮めます。かぎ針をわの中に入れて引くとスムーズに縮まります。

⑤1段めが編めたところ。色を替えない場合はそのまま立ち上がり目を編み、2段めを編みます。

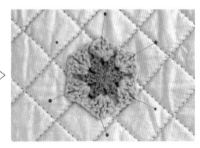

⑥そのままだと丸い形になるので、頂点を待ち針で固定し、スチームアイロンをかけます。

⑦1枚編めたところ。左はアイロン前、右はアイロン後。

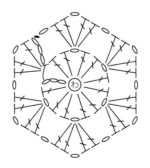

◯ ＝くさり編み

┬ ＝長編み

┬ ＝中長編み

● ＝引き抜き編み

※記号の編み方はP92

編みながらつなぐ

シンプルにまっすぐつなぐことができる正方形と違い、六角形や三角形は編みながらつなぐ方法が断然ラク。

①２段め（最終段）を編む時に、隣のモチーフに引き抜きます。

②２枚つないだところ。

③３枚めをつなぎます。

④引き抜き編みをする時は、上からかぎ針を入れ、束に拾います。

⑤六角形は３つの角が合わさります。もうひとつのモチーフも同時に上からかぎ針を入れて一度に引き抜きます。

⑥３つのモチーフがつながったところ。

16.

お花のマット

how to make → P74

六角形のモチーフがデイジーのように
見えるラグマット。北欧風のインテリ
アや雑貨によく似合いそうですね。
使用糸：ハマナカ ボニー

17.

六角つなぎのショール

how to make → P75

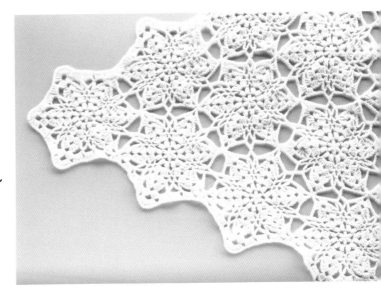

六角形のモチーフをレースのような
すかし模様にアレンジ。編みながら
つないでいきます。白一色でシンプ
ルに編みましたが、グラデーション
糸などで編んでもおしゃれです。
使用糸：ハマナカ アメリー

16. お花のマット

Photo → P72

【使用糸】
ハマナカ ボニー　濃グレー(617)…430ｇ、
えんじ(450)…180ｇ、グレー(616)…50ｇ
【用具】かぎ針8/0号
【ゲージ】図参照
【出来上がりサイズ】　約127㎝×約58㎝

Point

1. グレーでわの作り目から、1枚めのモチーフを編み、
   図のように2枚めからえんじで囲むようにつなぎなが
   ら大きなモチーフを6枚編みます。
2. 6枚の大きなモチーフの周りを図の通りに濃グレーで
   編みつなぎながらマットを編みます。
3. マットの周囲にグレーでふち編みを編みます。

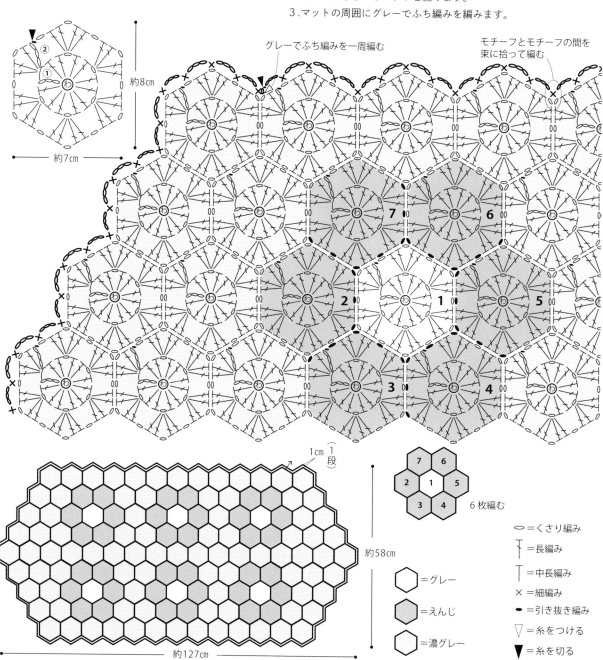

グレーでふち編みを一周編む

モチーフとモチーフの間を
束に拾って編む

約8㎝

約7㎝

1㎝ 1段

約58㎝

約127㎝

7枚編む

=グレー
=えんじ
=濃グレー

◯=くさり編み
┬=長編み
┬=中長編み
×=細編み
●=引き抜き編み
▽=糸をつける
▼=糸を切る

17. 六角つなぎのショール

Photo → P73

【使用糸】
ハマナカ アメリー　白(20)…360g
【用具】
かぎ針6/0号
【ゲージ】図参照
【出来上がりサイズ】図参照

`Point`
わの作り目からモチーフを編み、図に従って35枚のモチーフをはぎながら編みます。本体が編めたら、本体の周りにふち編みを1段編んで仕上げます。

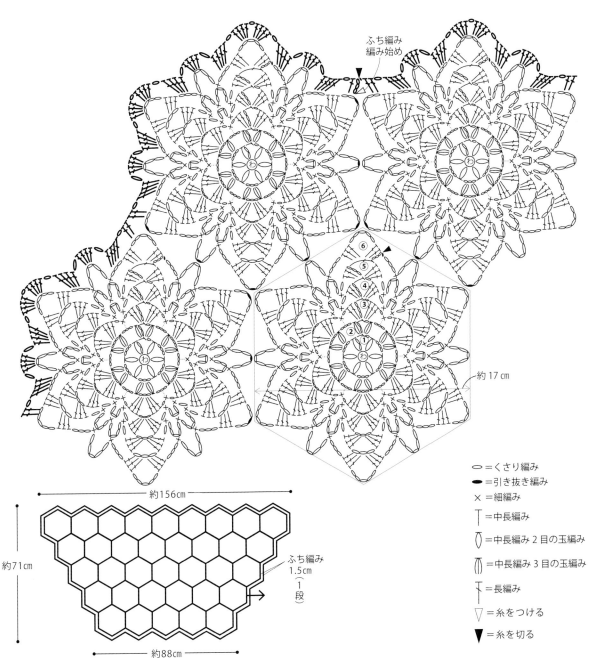

ふち編み
編み始め

約17cm

約156cm

約71cm

約88cm

ふち編み
1.5cm
(1段)

⟜=くさり編み

●=引き抜き編み

×=細編み

⊤=中長編み

⋔=中長編み2目の玉編み

⋔⋔=中長編み3目の玉編み

⊤=長編み

▽=糸をつける

▼=糸を切る

立体的に編む

今までのテクニックを使って、もっといろいろな作品を編んでみましょう。

18.

ショルダーバッグ

底の部分を長方形に編み、続けて側面を増し目なし
でぐるぐると編んで立ち上げます。たくさんの色を
使って、ヒッピーライクな雰囲気に仕上げます。
使用糸：ハマナカ アメリー

how to make → P78

18. ショルダーバッグ

Photo → P76

【使用糸】

ハマナカ アメリー　ピンク(7)・薄水色(10)・黄色(31)・黄緑(33)・
水色(45)・紺(47)・赤(55)…各1玉(40ｇ)

【用具】

かぎ針4/0号・10/0号

【ゲージ】

模様編み(10cm平方)　25目10.5段

【出来上がりサイズ】

図参照

Point

黄緑でくさり編みを16目作り、7段1模様で
増し目をしながら15段編みます。続いて増
減なしで23段編み、指定色で目数調整をし
ながら目を拾って、ふち編みの細編みを6段
編みます。

7色各1本の7本取りでひもを2本編み、指定
位置に縫いつけます。

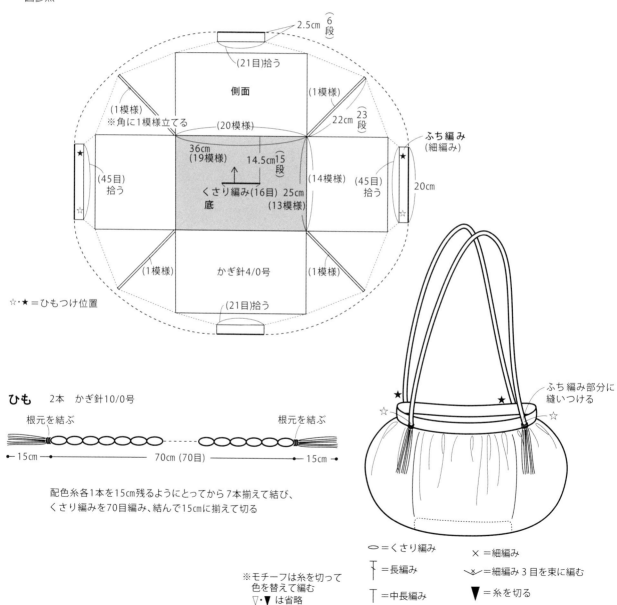

2.5cm ⌒6段

(21目)拾う

側面

(1模様)

(1模様)
※角に1模様立てる

(20模様)

22cm ⌒23段

ふち編み
(細編み)

36cm
(19模様)→　14.5cm⌒15段

(14模様)

(45目)
拾う

(45目)
拾う

20cm

くさり編み(16目)　25cm
底　　　　　　(13模様)

(1模様)　　かぎ針4/0号　　(1模様)

☆・★=ひもつけ位置

(21目)拾う

ひも　2本　かぎ針10/0号

根元を結ぶ　　　　　　　　　　　　根元を結ぶ

←15cm→　　　70cm (70目)　　　←15cm→

配色糸各1本を15cm残るようにとってから7本揃えて結び、
くさり編みを70目編み、結んで15cmに揃えて切る

ふち編み部分に
縫いつける

◯=くさり編み　　　✕=細編み
┬=長編み　　　　　〵=細編み3目を束に編む
┰=中長編み　　　　▼=糸を切る

※モチーフは糸を切って
色を替えて編む
▽・▼は省略

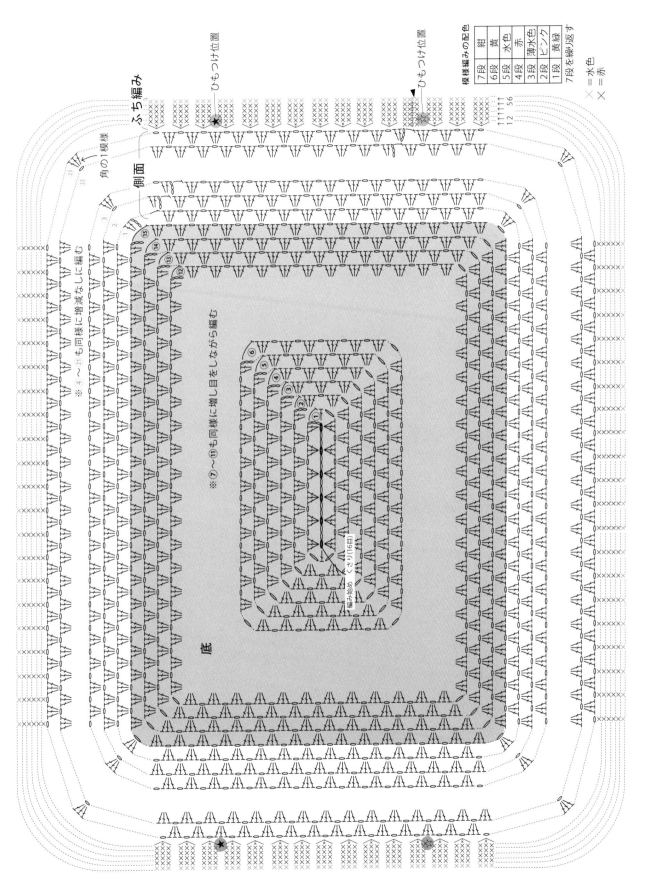

模様編みの配色	紺	黄
7段	黄	
6段	水色	
5段	赤	
4段	薄水色	
3段	薄水色	
2段	ピンク	
1段	黄緑	

7段を繰り返す

╳ =水色
╳ =赤

ひもつけ位置

ひもつけ位置

ふち編み

側面

角の1模様

※4〜㉑も同様に増減なしに編む

※⑦〜⑪も同様に増し目をしながら編む

底

編み始め くさり(16目)

79

19-a

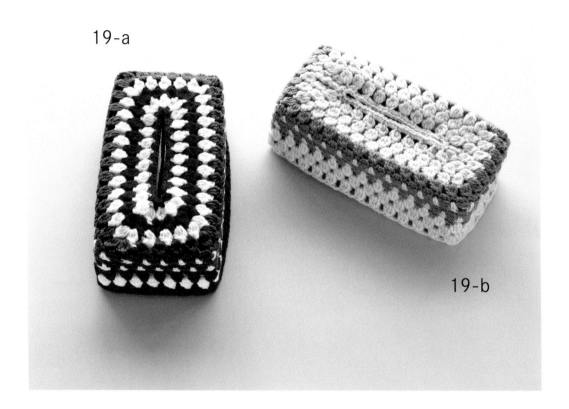

19-b

19.

ティッシュケース

how to make → P82

小さいころに実家にあったような、レトロ
さがかわいいティッシュケース。ティッ
シュを取り出す口から編み始めます。
使用糸：ハマナカ ラブボニー

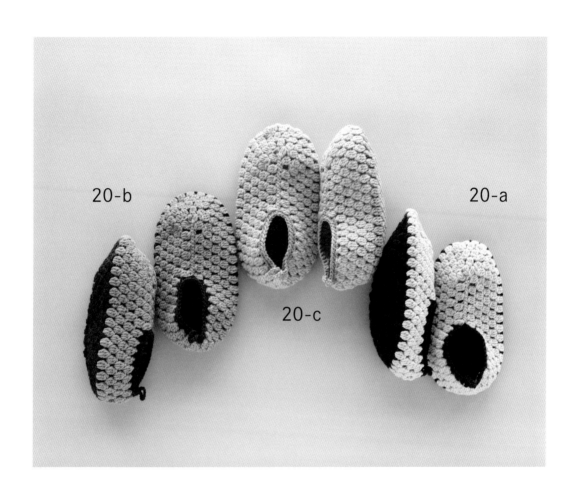

20-b

20-a

20-c

20.

ルームシューズ

how to make → P84

ツートンカラーのスリッポンタイプのルーム
シューズ。コロンと丸い形がかわいらしい。
靴下の上からはくと暖かくて快適です。
使用糸：ハマナカ アメリー

19. ティッシュケース

Photo → P80

【使用糸】
aハマナカ ラブボニー　白(125)・紺(131)・赤(133)…各2玉 (80g)
bハマナカ ラブボニー　ベージュ(103)・水色(116)・茶(122)…各2玉 (80g)
【用具】
かぎ針5/0号
【ゲージ】
模様編みA　約6模様＝10cm・3段＝4cm
模様編みB　約6模様＝10cm・6段＝3.5cm
【出来上がりサイズ】
図参照

Point

指定色でくさり編み58目をわにして、模様編みAを配色で増し目をしながら4段編みます。

続けて、模様編みBを配色で増減なく6段、Aを3段編みます。編み始め側にふち編みを1段編んで仕上げます。

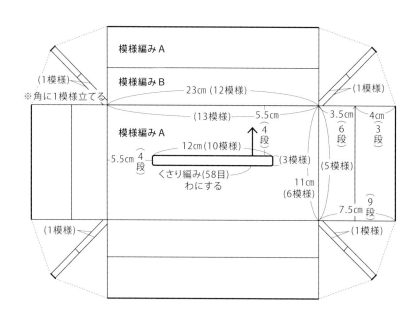

入れ口のふち編み

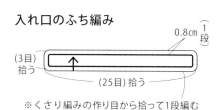

※くさり編みの作り目から拾って1段編む

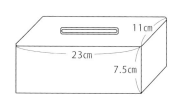

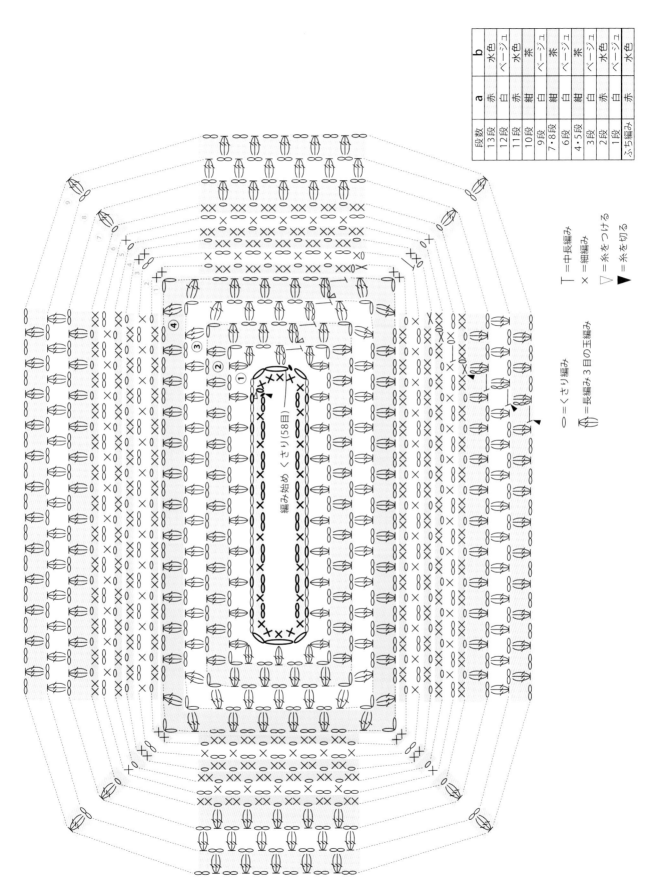

段数	a	b
13段	赤	水色
12段	白	ベージュ
11段	赤	水色
10段	紺	茶
9段	白	ベージュ
7・8段	紺	茶
6段	白	ベージュ
4・5段	紺	茶
3段	白	ベージュ
2段	赤	水色
1段	白	ベージュ
ふち編み	赤	水色

○ ＝くさり編み

⊕ ＝長編み3目の玉編み

Ｔ ＝中長編み

× ＝細編み

▽ ＝糸をつける

▶ ＝糸を切る

編み始め くさり(58目)

83

20. ルームシューズ

Photo → P81

【使用糸】
aハマナカ アメリー　水色(45)・紺(53)…各1玉 (40g)
bハマナカ アメリー　ピンク(7)・こげ茶(9)…各1玉 (40g)
cハマナカ アメリー　黄色(31)・グレー(22)…各1玉 (40g)

【用具】
かぎ針5/0号

【ゲージ】
模様編み　8模様＝約10cm　8段＝約10cm

【出来上がりサイズ】
図参照

Point

くさり編み22目の作り目から模様編みを増し
目をしながら4段編みます。5、6段と増減な
く編みますが、6段めで糸を替えて編みます。
7～10段はつま先側は減らし目をしながら、
かかと側は増減なく編み、編み終わりは約40
cm残して糸を切ります。合印どうしを残して
おいた糸で巻きかがります。はき口側にふち
編みを編んで仕上げます。

はき口のふち編み

底

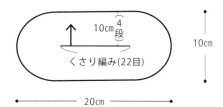

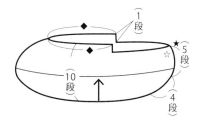

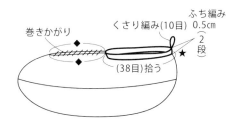

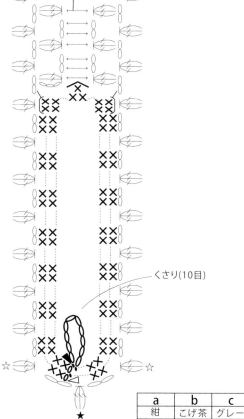

a	b	c
紺	こげ茶	グレー

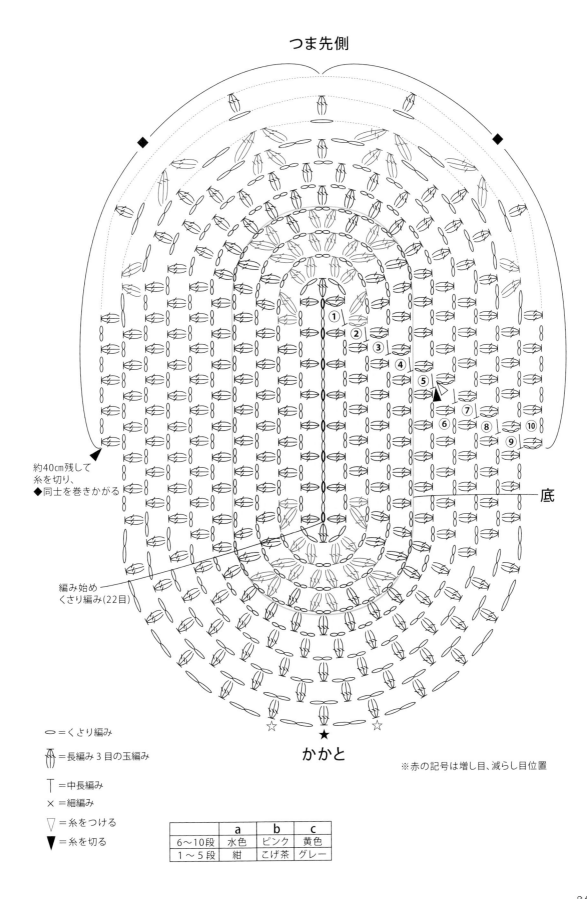

つま先側

約40cm残して
糸を切り、
◆同士を巻きかがる

底

編み始め
くさり編み(22目)

かかと

※赤の記号は増し目、減らし目位置

⌒○ ＝くさり編み

＝長編み3目の玉編み

⊤ ＝中長編み

× ＝細編み

▽ ＝糸をつける

▼ ＝糸を切る

	a	b	c
6〜10段	水色	ピンク	黄色
1〜5段	紺	こげ茶	グレー

21.

いちごのきんちゃく

how to make → P87

21-b

21-a

21-d

21-c

いちごの形のキュートなきんちゃく袋。
つぶつぶ感が際立つ長編み3目の玉編み
で仕上げます。
使用糸：ハマナカ ピッコロ

21. いちごのきんちゃく

Photo → P86

【使用糸】
aハマナカ ピッコロ　黄緑(56)…20ｇ、グリーン(24)…10ｇ
bハマナカ ピッコロ　赤(26)…20ｇ、グリーン(24)…10ｇ
cハマナカ ピッコロ　ピンク(4)…20ｇ、グリーン(24)…10ｇ
dハマナカ ピッコロ　オレンジ(51)…20ｇ、グリーン(24)…10ｇ
【材料】直径8mmウッドビーズ　1個
【用具】かぎ針4/0号
【ゲージ】模様編み　10模様＝10cm　8.5段＝10cm
【出来上がりサイズ】図参照

Point
わの作り目から模様編みを増し目をしながら7段まで編み、続けて増減なく12段まで編みます。糸をグリーンに替えて、ふち編みを1段編みます。
グリーンでひものくさり編み80目を編みます。12段目にひもを通し、ひもの両端を揃えてウッドビーズに通して仕上げます。

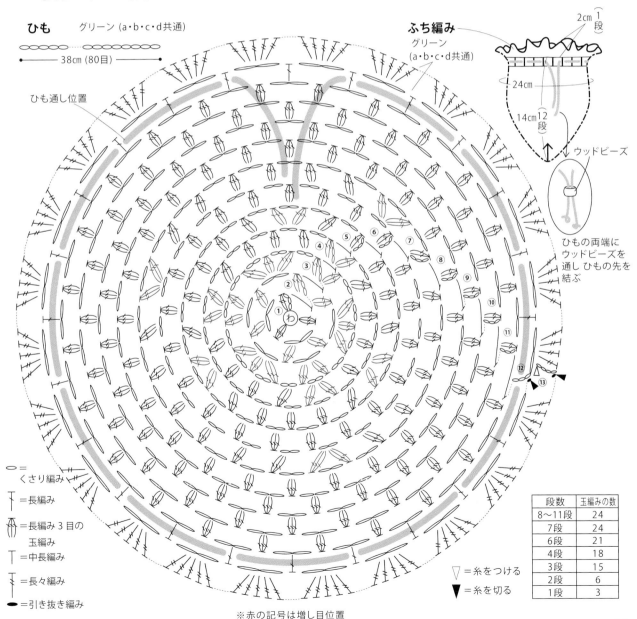

ひも　グリーン (a・b・c・d共通)
←　38cm (80目)　→

ひも通し位置

ふち編み
グリーン
(a・b・c・d共通)

2cm ①段
24cm
14cm ⑫段
ウッドビーズ

ひもの両端に
ウッドビーズを
通しひもの先を
結ぶ

○＝くさり編み
†＝長編み
∯＝長編み３目の玉編み
T＝中長編み
‡＝長々編み
●＝引き抜き編み

▽＝糸をつける
▼＝糸を切る

段数	玉編みの数
8～11段	24
7段	24
6段	21
4段	18
3段	15
2段	6
1段	3

※赤の記号は増し目位置

22.

キャップ

how to make → P90

グラデーション糸は1色だけでおしゃれな
ニュアンスが出る、便利な素材です。同じ毛
糸でお揃いのマフラーを編んでも素敵です。
使用糸：ハマナカ ディーナ

23.

ベレー帽

how to make → P91

ぬいぐるみのような独特な手ざわりのモールヤーンを
使って編みました。てっぺんにループをつけると、一
気にベレー帽らしさが出ます。
使用糸：ハマナカitoa あみぐるみが編みたくなる糸

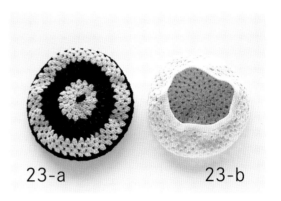

23-a　　　　　　　23-b

22. キャップ

Photo → P88

【使用糸】
ハマナカ ディーナ　ブルーグレー(8)…80g
【用具】
かぎ針4/0号
【出来上がりサイズ】
頭周り50cm　深さ28cm

Point

わの作り目から、模様編みを増し目をしながら9
段まで編み、続けて増減なく25段まで編みます。
ふち編みの細編みを3段編んで仕上げます。

27cm（25段）
58cm (49模様)
1cm（3段）
50cm (98目)

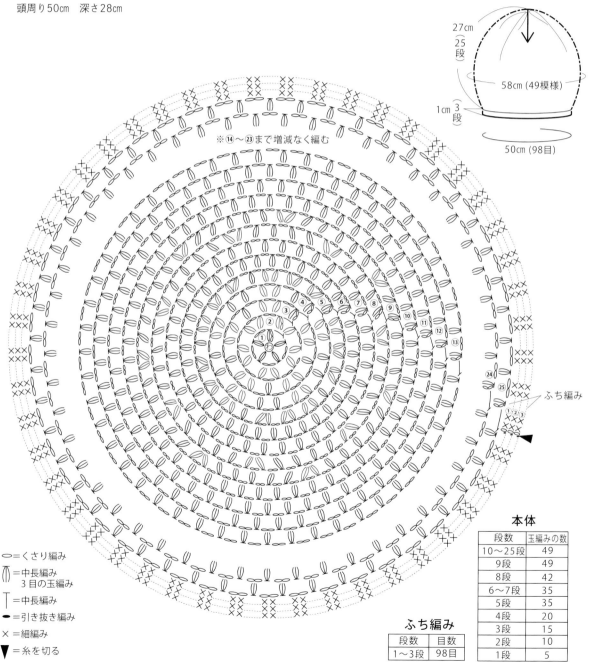

※⑭〜㉓まで増減なく編む

ふち編み

凡例：
◯ =くさり編み
∬ =中長編み 3目の玉編み
┬ =中長編み
● =引き抜き編み
× =細編み
▼ =糸を切る

本体

段数	玉編みの数
10〜25段	49
9段	49
8段	42
6〜7段	35
5段	35
4段	20
3段	15
2段	10
1段	5

ふち編み

段数	目数
1〜3段	98目

※赤の記号は増し目位置

23. ベレー帽

Photo → P89

【使用糸】
a ハマナカitoa あみぐるみが編みたくなる糸　黒(318)…20g、
ベージュ(319)…25g
b ハマナカ あみぐるみが編みたくなる糸　クリーム(303)…45g
【用具】かぎ針4/0号
【ゲージ】模様編み(10cm平方)　6模様 約10段
【出来上がりサイズ】図参照

Point

わの作り目から増し目をしながら8段まで編み、9〜
18段は増減なく編みます。19、20段は減らし目をし
て21段は増減なく編みます。続けて、ふち編みの細編
みを5段編みます(aは配色をしながら編みます)。トッ
プの飾りを編み、頂点にかがりつけます。

トップの飾り

0.7cm

8cm (15目)

※aは黒で編む

トップの飾りを縫いつける

20cm 21段

72cm(40模様)

2cm 5段

49cm(96目)

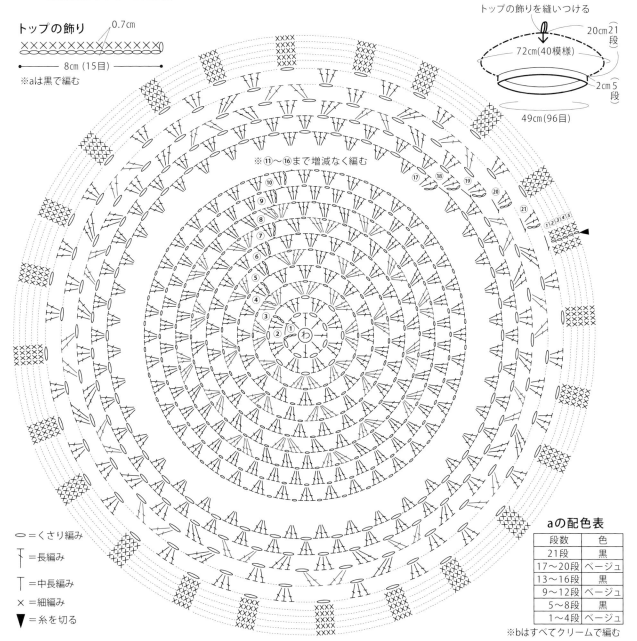

※⑪〜⑯まで増減なく編む

○=くさり編み
†=長編み
⊤=中長編み
×=細編み
▼=糸を切る

aの配色表

段数	色
21段	黒
17〜20段	ベージュ
13〜16段	黒
9〜12段	ベージュ
5〜8段	黒
1〜4段	ベージュ

※bはすべてクリームで編む

※赤の記号は増し目、減らし目位置

かぎ針編みの基礎 （編み地は作品によって違います。各作品の編み図を参照してください）

くさり編み ◯

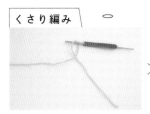   

①糸端を10〜15cm残して、糸の「わ」を作ります。

②わの中にかぎ針を入れ、糸をかけ、矢印の方向に引き出します。

③引き出したところ。

④軽く引き締めます。これは目数に数えません。

⑤1目めを編みます。糸をかけて引き出します。

⑥1目めが編めたところ。

⑦続けて⑤⑥を繰り返して決められた目数を編みます。くさりの大きさが揃うように練習しましょう。

細編み ✕

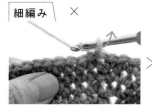   

①必要に応じて立ち上がり目を1目編みます。

②次の目（矢印）を拾います（編み図によって拾う場所が違います）。

③針に糸をかけて引き出します。

④引き出したところ。

⑤針に糸をかけて矢印のように引き出します。

⑥細編みが1目編めました。

⑦②〜⑥を繰り返します。

中長編み ┬

①必要に応じて立ち上がり目を2目編みます。

②針に糸をかけ、次の目（矢印）を拾います（編み図によって拾う場所が違います）。

③針に糸をかけて引き出します。

④引き出したところ。

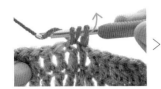  

⑤糸をかけて矢印のように引き抜きます。

⑥中長編みが1目編めました。

⑦②〜⑥を繰り返します。

長編み

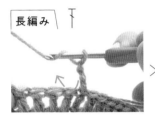   

①必要に応じて立ち上がり目を3目編みます。針に糸をかけ、次の目（矢印）を拾います（編み図によって拾う場所が違います）。

②針に糸をかけて矢印のように引き出します。

③糸をかけて矢印のように2本から引き出します。

④引き出したところ。

⑤糸をかけて矢印のように引き出します。

⑥長編みが1目編めました。

⑦①〜⑥を繰り返します。

長々編み

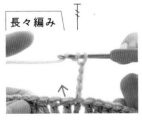   

①必要に応じて立ち上がり目を4目編みます。針に糸を2回かけ、次の目（矢印）を拾います（編み図によって拾う場所が違います）。

②針に糸をかけて矢印のように引き出します。

③糸をかけて矢印のように2本から引き出します。

④糸をかけて矢印のように2本から引き出します。

⑤糸をかけて矢印のように引き出します。

⑥長々編みが1目編めました。

⑦①〜⑥を繰り返します。

玉編み（長編み3目）

①立ち上がり目を3目編みます。針に糸をかけます。

②次の目を拾い、針に糸をかけて引き出します。

③針に糸をかけて2本から引き出します。

④2目めはここで止めておき、「未完成の長編み」の状態にします。

⑤④の「未完成の長編み」をもう1目作り、針に糸をかけて一度に引き抜きます。

⑥くさり編みを2目編みます。

⑦2目おいた目を拾って「未完成の長編み」を3目編み、一度に引き抜きます。

⑧玉編みが2目できたところ。

⑨⑥～⑦を繰り返します。

※中長編みの玉編みは、1回めに引き抜いたところが「未完成の中長編み」になります。

パプコーン編み（長編み3目）

①立ち上がり目を3目編みます。

②長編みを2目編みます。

③針から目をはずし（ほどけないように長く伸ばしておくとよい）、立ち上がり目の頭に針を入れます。

④③の目に針を入れます。

⑤糸を引いて伸ばした目を引き締め、糸をかけて引き抜きます。

⑥くさり編みを1目編んで引き締め、パプコーン編みが1目できました。

⑦2目めは、くさり編みを2目編み、長編みを3目同じ目に編み入れます。

⑧③同様に目をはずし、1目めの長編みに針を入れ、⑤⑥を編みます。

⑨同様に繰り返します。

※中長編み3目のパプコーン編みは、①で立ち上がり2目、②で中長編みを2目編み、同様にすすめます。

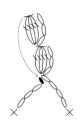

ポンポン

①糸をかけて引き抜き、糸をつけます。

②土台になるこま編みを1目編みます。

③くさり編みを4目編みます。

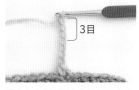

3目

④立ち上がり目を3目編みます。

⑤根元（③のくさり編み4目め）に針を入れ、長編み4目の玉編みを編みます。

⑥まず「未完成の長編み」を4目編みます。

⑦糸をかけて一度に引き抜きます。

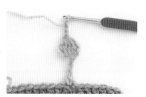

⑧玉編みの上に、もうひとつ玉編みを作ります。まず立ち上がり目を3目編みます。

⑨「未完成の長編み」を根元に4目編み、一度に引き抜きます。

⑩玉編みを二つ折りにして重ね、⑤の根元のくさり編みに引き抜きます。

⑪引き抜いたところ。玉編みがきれいな丸になるように整えます。

⑫くさり編みを3目編み、編み地に細編みでつなぎます。

引き抜き編み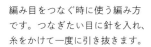

編み目をつなぐ時に使う編み方です。つなぎたい目に針を入れ、糸をかけて一度に引き抜きます。

ミカ＊ユカ

元手芸編集者のミカと、アパレルブランドで活躍する
ユカの双子の手芸作家ユニット。ともに文化服装学院
で裁縫、編み物を学ぶ。書籍や雑誌、アパレルブラン
ドで編み物やソーイングの作品提案をしている。また、
犬服講座の講師や靴下の編成技法に関する特許を取得
するなど、多方面で活躍中。

STAFF

ブックデザイン　林陽子（Sparrow Design）
撮影　寺岡みゆき
モデル　渡辺イリーナ
ヘアメイク　AKI
スタイリング　串尾広枝
編み図・作り方解説　加藤千絵

材料協力

ハマナカ株式会社　　tel:075-463-5151
　　　　　　　　　　http://www.hamanaka.co.jp/

衣装協力

a+ koloni／ファラオ　tel:03-6416-8635
中川政七商店 渋谷店　tel:03-6712-6148
原宿シカゴ 下北沢店　tel:03-3419-2890

小道具協力

UTUWA　　　　　　　tel:03-6447-0070
AWABEES　　　　　　tel:03-6434-5635

楽しく編みながらマスターする
グラニー編みの教科書

2023年 9 月17日　発　行　　　　　　　　　　　　　　NDC594
2024年12月 2 日　第 3 刷

著　　　者　ミカ＊ユカ
発　行　者　小川雄一
発　行　所　株式会社 誠文堂新光社
　　　　　　〒113-0033 東京都文京区本郷 3-3-11
　　　　　　https://www.seibundo-shinkosha.net/
印刷・製本　シナノ書籍印刷 株式会社

© MIKA HANEDA. 2023　　　　　　　　　　　　　Printed in Japan

本書掲載の記事の無断転用を禁じます。

落丁本・乱丁本の場合はお取り替えいたします。

本書の内容に関するお問い合わせは、小社ホームページのお問い合わせ
フォームをご利用ください。

本書に掲載された記事の著作権は著者に帰属します。
これらを無断で使用し、展示・販売・レンタル・講習会などを行うことを禁じます。

JCOPY ＜（一社）出版者著作権管理機構委託出版物＞
本書を無断で複製複写（コピー）することは、著作権法上での例外を除き、
禁じられています。本書をコピーされる場合は、そのつど事前に、
（一社）出版者著作権管理機構（電話03-5244-5088／FAX 03-5244-
5089／e-mail:info@jcopy.or.jp）の許諾を得てください。

ISBN978-4-416-62314-5